孫有蓉
YU JUNG SUN

笛卡兒的思辨健身房

我在法國教哲學，看法國學生怎麼學「思考」和「論述」？

推薦序——

本書是所有立志求學的人都應該理解的基本功

台大哲學系教授／**苑舉正**

《笛卡兒的思辨健身房》很值得閱讀，因為它既特殊，又很重要。

這本書記錄了一個很特殊的經歷，主要有三部分：

第一、我們通常認為，因為適應生活習慣以及克服語言困難上，能夠在外國大學教書很特殊、很難得。然後，在所有學科的教學中，最困難的，應該就是哲學教學，因為這是完全以思考與表達為主的工作。對於一個在台灣受教育的人而言，思考與表達的訓練至為欠缺。因此，在法國大學教哲學，不但需要才能，也需要勇氣。

第二、讀大學是人生重要的事，而全世界報考大學的制度中，最特殊的就是法國，因為它的入學考試，哲學是所有人都必須考的科目。法國大學入學必考哲學這一件事情，是所有教育專家都津津樂道的，因為強調培育個人思想與邏輯推理的能力，是教育中最重要的部分，而哲學教育就是以培育這些能力為主。

第三、在法國社會中，哲學教育很受重視，因為在法國人的心目中，科技是普世的，而哲學教育突顯法國的優勢。這不僅是因為法國人重視哲學教育，法國也出了許多世界的重要哲學家。我想說，外國人在法國大學教哲學，是件非常特殊，而且受到極度尊重的事情。

《笛卡兒的思辨健身房》非常重要，因為這本書包含三點：

第一、作者在台大哲學系畢業，然後在法國索邦巴黎第一大學取得哲學博士，目前在巴黎南特大學擔任哲學講師。在「學而優則教」的過程中，她最重要的資產，就是能夠比較不同地區的哲學教育。

作者依照個人的經驗，分別指出在台灣與在法國接受哲學教育的優勢與弱點之外，還能夠用通俗的語言，把這個比較的重點，說得很清楚。透過學習與教學的歷程，作者體會一般學生學習哲學時所遇到的困難，並且詳細解釋這些困難，不是只有在台灣的學生會有，在法國一樣不例外。這些困難是學習哲學的基礎問題，學生應該不斷地練習，學會如何運用方法，主動發掘問題，以及回應思考的難題。

第二、哲學是萬學之基礎，如果能夠了解到學習哲學的方法與原則，無論思考能力的加強，或是寫作能力的精進，對所有從事學術工作的人而言，都是非常重要的。不要以為《笛卡兒的思辨健身房》是本僅寫給哲學人所閱讀的書籍；事實上這本書裡面所記錄的技巧與方法，是所有立志求學的人都應該理解的基本功。

第三、這本書裡面作了非常細緻的例證，舉例說明我們在接受教育的心路歷程上，需要透過思考與方法的要求，努力訓練我們寫論說文的能力。我認為，這是每一個人在面對生涯都需要接受的訓練。誠如作者所說，她相信，只要願意學習，有正確的指引和學習方法，每一個人都有能力在抽象思考上有所進步。

本書最精采的地方，就是作者花了相當的篇幅，具體地解釋什麼叫做問題意識。「在寫論說文之前，先要擁有問題意識的要求」，並不只是訓練哲學家的方法，而是訓練所有人，透過邏輯分析與重組概念，回答一個難題。在閱讀這一部分後，我深深覺得，所有學生在寫論文前，應當練習發展問題意識的能力。

整體而言，作者把所有自己在法國教哲學經歷中所遇到的困難，以及解決這些困難的心得，寫在這本書裡面，讓所有學哲學的人、做學問的人，以及所有認真想要學習思考方法的人，得到一個清楚的認知。對於台灣的教育發展，本書將會扮演里程碑的角色。

作者是我的學生，我為本書的出版感到與有榮焉，並且毫無保留地推薦這本書。

推薦序——

哲學神力女超人教你如何養成思考與寫作的好習慣

哲學新媒體創辦人暨執行長／**鄭凱元**

「您好，看到你想要建立推廣哲學媒體，本身正在巴黎讀哲學碩士即將開始念博士，十分有興趣幫忙。祝好，有蓉」

二〇一四年，我還在念哲學博士班，因緣際會下興起了創業的念頭，計畫創辦網路媒體來推廣哲學。我把這個想法發表在個人部落格中，並在文末邀請有志之士一同參與。當時並不預期會有太多反應，因為一來哲學人常居學院之內，通常想都沒想過哲學專業可以用來創業；二來則是深知文人說的往往比做的多，就算能接受這個想法，但真正有行動力去付諸實踐的人恐怕也沒幾人。

沒想到在兩天之後就收到有蓉從巴黎寄來的信件，內容簡明扼要，廢話少說直接跳坑。後來才曉得，原來她早在台大念哲學系時就創辦了校園刊物《台大意識報》，後來去法國念哲學，又編了一份《黎島》雜誌，向法國人介紹台灣文化。辦刊物寫文章這種事對她來說是小菜一碟。

哲學新媒體草創之初糾集了不少熱血的哲學人，但是罕有人能熬過創業的艱苦。有蓉不只是第一個加入，也是少數持續參與、展現高度行動力的夥伴。網站缺文章，她就寫文章，又快又好。台灣媒體開始注意每年法國高中哲學會考難上天的論說文題目時，她可以變身哲學記者，在巴黎採訪應試的高中生、閱卷的高中老師與常寫論說文的博士生，讓大家能夠直擊法國哲學教育的成果。

只要有機會返台，她也會和哲媒一起舉辦講座或課程。這幾年下來，有蓉已辦過四場公開講座，談她在法國研究的柏拉圖哲學，場場滿座。在一邊還要忙著寫博士論文的情況下，她居然還能將研究成果寫成《論美，論愛：柏拉圖《費德羅篇》譯註》並在台灣出版，可說是哲學界的神力女超人。

二〇一六年，哲媒發起〈哲學家的移動城堡〉群眾募資計畫，預計到台灣各地高中推廣哲學思辨教育。暑假返台的有蓉陪著我們到各地舉辦公開課程，想方設法讓募資案達標。當時她就設計了一個訓練思維能力的課程〈關鍵概念〉，目標是讓學員透過不同的練習，學會有效率找出文本重點的思考模式。

隨著有蓉在索邦大學開始授課，這個思維訓練課程一次又一次地在她的課堂中進行實戰，內容打磨得愈來愈細緻，也逐漸建構出系統性的方法論。《笛卡兒的思辨健身房》可說是〈關鍵概念2.0進化版〉，根據實際教學經驗多次改進，成為一個成熟的思維訓練教案。讀者完全可以按照書中章節與實例，練習「如何讀：快速抓出重點」、「如何說：清楚論述」、「如何問：問對問題」，「如何寫：根據問題意識寫出法式論說文」，一步步精進自己的思考與寫作能力。

本書的另一個特色是作者採用半真實半虛擬的對話，呈現不同思考階段可能會出現的問題與解決方案。例如，有蓉在開頭提到她第一次在法國大學教書時，碰上寫過哲學論說文的大一新生，常常一開口就不停發射「術語子彈」，說著其實自己也不甚了解的「後現代」、「解構」夾槓來向老師嗆聲。不分國界，這種「不懂裝懂」其實也常見於台灣的哲學初學者身上。如果你也意識到自己有同樣的狀況，該如何解決這種妙麗大頭症呢？

有蓉提出的解法就是請學生解釋術語的意思，讓學生意識到他們的認知其實淺薄有限。另一方面，當學生提出自以為是的見解時，老師會仔細地界定學生斷言中所表達的概念，並提出反例或反證，用問題導向的方式引導學生思考某一主張背後的可能蘊含與相干問題。以破為立，慢慢改變學生用哲學順口溜代替深入思辨的壞習慣。

培養條理分明、深度思辨的思維習慣並不容易，會花時間與精力去提升思考能力的人，通常已意識到思考對自己生活與職涯的重要性。就像是人會願意付費到健身房，請教練督促自己鍛鍊身體一樣，「花錢找罪受」的目標是獲得健康的體態。如果你想好好地鍛鍊自己的批判思考力，養成良好的知性習慣，甚至寫出富有辨證性的文章，歡迎加入《笛卡兒的思辨健身房》，請哲學神力女超人擔任教練，助你一臂之力！

作者自序——

異鄉人怎麼走上索邦講台：掌握方法

在法國大學教哲學至今四年，有時回頭想想仍然覺得不可思議，感覺幾年前自己還是畏畏縮縮、台下小心翼翼、懵懵懂懂的學生，一轉眼怎麼走到講台上當老師了。雖然法國大學裡面不乏外籍教師，但黃面孔的學生一躍取得大學研究、教學契約的卻少到讓我要不被秘書當作學生，就是被印刷處人員當作語言老師，好像亞洲人最多就是教教自己的母語。

幾年以來，我一直在思考自己到底如何走到今日的位子，雖然並不舒適，但總是法國博士生能享有的，我都拿到了，希望藉著分析自己的學思歷程，讓更多台灣人能有機會打破文化、語言、學習的限制，取得更多國際資源。我的成就，裡面自然有機運、有貴人、有社會條件讓我可以在好的時間點專心地作研究、準備備審資料等等，但自然也有訓練自己的訣竅，而這個訣竅對我來說就是：**掌握方法**。

法國哲學教學有自己一套自成體系的方法，如果只學了死方法，那麼就算學得惟妙惟肖，在法國能行，出了法國也難走進世界。在我教書的這幾年，跟學生的互動過程裡讓我注意到法國在高中階段訓練學生們的思辨、論述方法固然好，卻少了一些更為基礎的訓練，加上有時候學生過於注重形式而忘了方法本身的用意，導致學生雖然有能力應付看似不可思議的哲學考試，卻在抽象思考的能力上有所缺漏。

因此在課程當中，除了講授哲學思想和哲學問題，我時常透過不同的作業，甚至是課後練習，針對我在學生身上普遍觀察到不足之處進行訓練。這本書並不簡單易讀，但卻是我認為一路走來讓自己的能力穩紮穩打的關鍵，也是我四年教書經驗中所淬煉出來的一點思辨方法教學成果。

這本書基本上還原了我在法國的哲學教育現場：面對艱澀的哲學經典，我們可以如何一邊訓練自己抽絲剝繭、去蕪存菁的能力，一邊分析理解這些哲學家的思想。

閱讀本書，在腦力健身之餘，還能細細閱讀重要哲學經典的節錄，應該也能算上買菜送蔥吧！理性思考的訓練並不容易，也不是一蹴可幾，希望這本書能夠提供一些有效的方法，讓大家學習、思考更有效率。

目錄

1

從課桌走上講台

二〇一一年夏天，在一年零三個月的密集法文課後，我來到法國巴黎準備讀哲學碩士。四年後，教室依舊，卻換我站上講台，用法文向哲學系大一大二的學生授課。短短課桌與講台之間的距離的轉換，自己與黑板相對位置的轉換，讓我重新審視自己學習哲學、學習抽象思考與思辨的過程，更讓我重新認識法國哲學教育。

二〇一五年九月，我成為法國索邦巴黎第一大學的簽約博士生，拿著一份法國政府給的薪水，正式加入博士生講師的行列。滿滿的教職員工當中，只有我一個黃皮膚，在一群看來自得其所、侃侃而談的法國同事之間，為自己每個不夠順溜、不夠法蘭西的時刻感到窘迫。

「我要在法國教哲學呢。」這個浪漫的想法迅速就變成了「天吶，我憑什麼在法國教哲學啊！」整個開課前的暑假，就這麼在慌張、心虛、振作、自我感覺良好四個狀態之間循環著。大家每年都要花上幾個月讚嘆的法國哲學教育，一下要身歷其境，卻很害怕自己不知道怎麼教書，很害怕讀了十多年哲學的我，其實說到底，根本沒能力把自己熱愛的哲學轉化成他們想像的樣子。我因此花了許多時間研究法國的哲學教育以及哲學方法，希望了解學生們到底是在什麼樣的哲學環境內學習成長。就如同學一門外語，非母語者由於沒辦法用耳濡目染的方式習得外語，我必須非常有意識地去分析所有教學與研究方法的規則與立意，不能像我的法國同事們渾然天成。但這個過程也更讓我體悟到，法國哲學教育裡面方法的設計與背後的道理，更讓我知道怎麼在這個龐大且僵硬的教育體制之下，針對學生的問題做訓練與調整。

法國哲學系長什麼模樣？

從前在台灣讀書時，哲學系大部分的課程都已經被規定好，「哲學概論」就必須要簡介整個哲學世界裡面的問題與學派，「西洋哲學史一」就必須講授從古希臘到近代的所有重要哲學家，老師們在開課上的彈性很小，所以每年講授的內容也都大同小異。相對台灣，法國的哲學老師們在開課上幾乎是百分之百地自由，課程分幾類：哲學史、哲學概論、方法論等，開哲學史課程的老師可以自己在特定時代中選擇一位思想家的一部作品，如「柏拉圖《費德羅篇》」，或者一個概念，像是「柏拉圖論教育」來自己設計課程內容、課綱、閱讀資料；而開設哲學概論的老師則可以自己選定一個哲學問題，如「自由」、「謬誤」、「現象」，來探討這些對象為何，且如何成為哲學家們討論的對象。

大概就如沙特所說，當我們意識到我們可以決定一切時，自己也同時成為了所有事情成敗的歸依，在責任歸屬面前無所遁逃，這樣的自由讓人無比焦慮。第一年教書，學校分配給我兩門大學一年級的哲學史課程，意味著我必須在古希臘哲學當中選課程主題。

哲學史在教什麼？

從前在台灣，哲學史的課程都被當作歷史課程來教，在短暫的一學期必須把一整個斷代當中的重要哲學家一一介紹過，所以每個哲學家分配到的大概就只是一些資訊性的認識。記憶奇差如我，加上懶於背誦，這些哲學史課程在我腦中就只剩下「泰利斯是第一個哲學家，認為世界萬物皆由水生」、「柏拉圖提出理型論」、「亞里斯多德重視經驗」，這類支離破碎毫無意義的詞彙。大概也是因為如此，在台灣很多人常常認為「哲學史」就等同於歷史研究，算不上哲學。

「要怎麼用哲學的方法教哲學史呢？」我邊思索著自己到底教什麼好，一邊想著法國的哲學史課程為什麼從來不用歷史思想記載的方式來教學，畢竟教歷史看起來似乎簡單多了，只要把一個斷代之內的思想家丟到網路上查查維基百科，找找一些基本生平著作、重要理論，好像就可以交差了。

「那些古人講的話到底有什麼重要的？哲學不就是討論真理嗎？真理如果有歷史，那真理不就只是在某個時代才是真的，時代更替那些被淘汰的真理，也沒必要學了吧？」

我腦袋裡想像著某個刁民學生跟自己嗆聲的畫面，只好默默地開始認真想，如果碰到這個問題我該怎麼回答。

「如果哲學是愛智慧，那再怎麼說，哲學家的思想只是因為熱愛追逐真理的探討過程與結果罷了，哲學家又不是教宗，他只追求真理，但他講的話不等於真理啊。」

「那哲學家說的是屁話囉？」腦袋裡的刁民學生聲音立刻響起。

「別這麼極端好不好。這樣說吧，哲學家就是一群好奇寶寶，一般人覺得習以為常的事情，他卻總是覺得事情不單純，所以他就開始問一些沒人有答案的問題。比如說，我們也許習以為常萬事萬物生生滅滅，好奇寶寶就可能會問『事物從哪裡來，又往哪裡去？』；我們不假思索地說『這個好吃，那個不好吃』，那好奇寶寶大概又會想問『好什麼？為什麼好？』問著問著，這些好奇寶寶也許就想辦法找出一些答案，或者答案可能存在的方向，進而提出一些論點，甚至建構一個可以解釋很多疑難雜症的理論。」

「所以到底為什麼要回去讀這些老氣的哲學思想？」

「如果你今天想要畫星空，你這輩子卻只看過一張星空的照片，那你畫出來的星空是不是大概就跟那張照片差不了多少？」

「我可以運用想像力。」

「也許吧，但想像也是在想些什麼東西，那你如果沒什麼東西可以想，你的想像力不就很貧乏？」

「我還有人生經驗可以提供一些素材。」

「你才幾歲啊。你那一點年紀，可以跟幾千年的素材比嗎？況且，如果你自己想半天，最後發現別人老早已經討論過，還討論得更深入，那你不是白忙一場？牛頓說：『站在巨人的肩膀上』大概就是要我們踏在別人的思考成果上，不是嗎？」

「所以我讀這些也不過就是為了將來有朝一日推翻他？」

「你搞不好會先被他說服也說不定。我們看古人作品的解讀，有時候受到我們自己文化社會條件限制，如果我們可以意識到在思想推衍的過程中，思想如何發展或者受到其他社會文化條件折射，也許我們就可以意識到自己思考的限制是什麼，從而掙脫某些限制，重新審視這些作品。這時候，哲學史不但幫助我們認知到每個問題、想法、理論都不是從石頭裡蹦出來，而且在思想的動態中看到承襲，更可以欣賞某些天才突破限制的奇想，進而提供了我們超越自己當下眼界限制的養分。這就是為什麼要讀哲學史，理解某些問題為什麼成為問題，某些理論為什麼被提出，利用一個哲學家或是一群哲學家思想的動態來理解一個念頭如何發展、推進、扭曲、重新審視，來對我們自己的思想動態重新檢視。」

既然哲學史的教學旨在讓學生學習一個疑問怎麼變成一個哲學問題，且開展出一套哲學思想，那麼一門哲學史的課程就必須選一個讓我可以把這個思想動態的過程清楚展現出來的主題。我想了很久，選了柏拉圖的一本《對話錄》作為課程內容，希望透過研讀《對話錄》的過程將柏拉圖如何將一個日常生活中時常有的疑慮提煉成一個哲學問題，並且用哲學的方式來進行討論。

法國哲學系怎麼考試？

主題選好之後，接下來就得開始安排課綱、課程進度、文獻閱讀、評量方式，看起來像是行政瑣事，但這些規劃卻完全決定了我日後上課內容的準備方式。既然是一門必修課程，那麼學生的成績大概是最多人關心、最馬虎不得的事情。既然學生能力評量是一堂課教學成果的檢視，課程設計自然必須在每一堂課的內容當中慢慢培育讓學生有能力做作業及應付考試，給了孩子釣竿，總是還要教他怎麼使用才釣得到魚。

在法國，正式的哲學考試必定是兩個考題二選一，其中必定有一個會是論說文的題目。舉例來說，在我開設「柏拉圖理想國中教育問題」時就出了一個考題是「國家為什麼要負責教育？」；第二個題目就一定是一篇節選文章的文獻評論。因此培養學生閱讀、分析、評論文獻，以及哲學問題思辨的能力就成為這堂課的兩個目標。

記得剛到法國時，有一次到朋友家玩，跟朋友的媽媽聊天，她一聽我是哲學系，突然義憤填膺地問我：「哲學的考試為什麼可以有分數高低之別？我是學科學的人，這種沒有標準答案的學科不就是大家各有己見，你們怎麼可以給別人打分數?!」「你兒子高中的哲學成績一定很差對不對，怨念這麼深重。」我心裡嘀咕著。沒錯，哲學系的評量都沒有標準答案，但是否沒有標準答案就無法衡量思想組織的好壞？

以法國哲學考試的這兩種考題為例：文獻評論訓練的是學生對文獻進行「哲學分析」的能力，之所以是「哲學分析」，因為與「文學分析」、「社會學分析」、「政治分析」或「歷史分析」不同，哲學性質的文獻分析不著重「風格」評論，也不討論文獻撰寫的「社會脈絡」、「政體」、「權力關係」或「時序上的因果關係」，而只處理文獻內部每一個概念如何銜結而形成論題、構成論證，透過重構文獻的邏輯結構來評論文章內部所傳達的思想以及處理的哲學問題。老師們評分的標準因此就看：文章內提到的概念是否全部都點出來了；概念之間的邏輯關係是否正確；論證重建的完整程度與細緻程度；最後看學生是否抓到整篇文章的哲學意義與重要性。這些評分的標準每一個都可以作出程度上嚴謹與否、正確與否、自相矛盾與否、清楚與否、完整與否的比較，讓老師能夠為學生的能力作出評量。

而另一種考試題目——論說文，訓練的是學生自主思考、獨立思辨並且申述自己想法的能力。沒有文獻的限制，這項能力測驗讓學生能夠自由針對一個問題進行發想。但大概就是因為太自由了，許多學生偏好文獻評論，覺得至少已經有既定的內容可以討論，不用全部都自己思考自己決定（沙特又再一次說對了，人們其實害怕承擔自由下所必須擔負的責任）。

每年到了五月，常常在台灣引人注目的法國高中哲學考試正是這項論說文測驗。法國的哲學考試每每引發大量討論的是它看起來天外飛來一筆的題目，高中哲學課沒有課本、沒有範圍，學生們進入考場之後只有紙筆和一個令人不知所措的題目，而且必須和這個題目奮鬥四小時，只為寫出一篇論說文。由於這些論說文題目總是令人摸不著頭緒，像是「藝術為何？」、「媒體與政治」、「分工是否分化人們？」所以外人看了總是驚奇年紀輕輕的高中生到底如何有能力駕馭這樣的題目，撇開駕馭題目，光是坐著寫四個小時的文章都令人難以想像。

我到法國時也是懷著這份朝聖的心情來的，初來乍到就急著學寫論說文，逼著老師們幫我評點文章。後來才發現，原來不只哲學科目用論說文來考試，而是幾乎每個科目都用論說文的方式來進行評量。就連數學應算都必須在寫算式之餘，用文字說明每個步驟使用哪個解法的原因，以及用法意義，因此即便結果算對了，過程卻說不清楚，也拿不到滿分。法國的年輕學生有能力應付這樣的考試，並不是因為他們能力天生出眾，或者法國人就是聰明，而是從小就開始受相對應的訓練，國中起便教導學生寫論說文的規則與方法。

論說文本來設計的意義是要訓練學生獨立思考的能力，在面對一個從來沒思考過的問題時，有能力針對問題開始發想，提出自己的見解，甚至要批判自己的見解，進而提出更全面的論點。因此，哲學科的論說文時常會用「正、反、合」的方式來寫，換句話說，面對一個問題先提出一個看法，接著試著否定這個看法，最後綜合兩者討論提出一個超越正反的見解，通常在哲學上稱此為「辨證法」。教導學生使用辨證法來寫作，一開始的設計意義在於檢視學生思辨的過程，而非評價學生的看法。之所以要求學生寫「正題」再寫「反題」，就是希望在這一正一反的過程當中，看出學生在面對問題的時候從「這個問題應該是如何如何」，到「但如果是這樣，那麼好像有所缺漏甚至有所矛盾」，最後「既然如此，那麼是否有更完備的看法能夠同時保存第一種看法的長處，又避免缺點？」

這樣的論說文格式立意雖好，也給了一個嚴謹明確的框架讓學生能夠在組織自己想法的時候有所倚靠，就好像教學生素描的時候先給一張打了網格的紙，各個元素之間的排列組合就有了一個框架作參照點。然而，所有框架和規則都會讓人有錯覺，以為只要形式上按照規則，內容就可以隨便安排，本來設計來鼓勵學生獨立思考的論說文，就容易流於套公式卻沒有真思考。

從這兩種並立的考試類型來看，我們可以發現文獻評論與論說文訓練的是兩種非常不同但卻又互補的能力，文獻評論要求嚴謹對文章內部邏輯結構的掌握，而論說文則督促學生獨立提問、獨立思考、獨立解答更要反思和自我批判。前者著重重現作者思考的過程與意圖，且避免個人發想介入；後者則要求自由發想，且將思考過程按照邏輯關係組織呈現。沒有對邏輯結構嚴謹掌握的能力，寫論說文就只能是個人意見的抒發而無論說可言；相反地，沒有自由提問發想，就只能一輩子等待別人來給解答。

這兩種能力不僅對哲學思辨十分重要，更對任何論述性討論都是必不可缺，因此我在備課的同時都以培養這兩種能力為方向，在講授課程內容的時候兼顧經典的分析閱讀，以及經典內部哲學問題的討論。到此，我的法國哲學教學之旅算是在形式上做完行前準備了，接下來就看跟法國學生如何過招。

2

法國高中生為什麼要讀哲學？

自從在法國教哲學以來，許多人曾問我，法國學生在高中階段就讀哲學了，到了大學，程度是不是很好？

「是也不是。」我總是這樣回答。

記得十多年前進台灣哲學系的時候，大家其實根本就不知道哲學是什麼，在當時的社會，「哲學」普遍來說是個太過陌生的詞彙，指涉著一個空集合，連大概是什麼都沒有任何概念。在那個時代，許多人聽到哲學系會問：「以後是要去幫人算命嗎？」爸媽直到今天都還會笑著提起當初去參加我的新生家長會時，在座的家長們有一半都在說：「我的小孩不應該讀哲學系！」「要怎麼轉系？」說得在場的哲學系老師們十分尷尬。

到了法國，大家聽到我讀哲學時回答都有著非常驚人的一致性：「哇，好厲害喔！」千篇一律總是這句，不過大多數的時候也沒有下一句了，最多可能再問：「以後工作會不會很難找？」兩國情，儘管對哲學的印象相差甚遠，但其實也是大同小異。在法國，高中一年的哲學教育以及畢業考，造就了大量簡易哲學書籍、哲學廣播，甚至媒體上也常有哲學人現身，因此許多人就算不知道哲學確切是什麼，也對哲學有著高深、知性，宛如哲學家沙特一般的印象。

法國大學哲學系學生程度好不好？看起來很好，因為看起來都好像知道哲學是什麼，也好像對許多哲學家琅琅上口，讀過不少哲學經典的節選，很多哲學家的名言錦句也都看來十分熟稔，然而，這所謂的程度好也就僅止於此了。跟從來沒聽過哲學的台灣學生比起來，是的，這些學生當然好像非常厲害，但這些腦袋裡記起的斷簡殘篇其實稱不上哲學。然而，高中的哲學教育和整個社會對哲學的態度，使得思考與討論在社會多數階層中受到鼓勵。

法國高中的哲學教育最早可以追溯到第二次世界大戰之前，但很長一段時間，哲學班有點像今天台灣的菁英班，並不普及，而所謂的哲學教育也主要著重研讀經典。一直到一九七五年左右，哲學教育才開始普及變成必修科目，儘管只限於高中最後一年。一開始，普及哲學高中教育其實比較像我們高中的文化基本教材，希望學生認識影響自己文化的重要經典思想，因此學生讀古希臘哲學家、古羅馬哲學家、中世紀經院哲學家、法國哲學家、德國哲學家，因為這些思想在孕育法國文化當中都有貢獻。經過幾次教育改革，哲學課程才變得兼顧經典閱讀和問題思考，把民主國家內公民獨立思考、判斷的能力視為所有公民的權利。正如政令上所言：這項教學（哲學）的目標在於培養學生對分析、論述的品味、辯論的能力以及對知性責任的公民意識。簡而言之，法國高中的哲學教育最希望培養的是學生們的批判思考能力及偏好。

我在教書的某一年曾經給了學生一個論說文的題目，要他們去思考為什麼國家要興辦教育。那如果我們換個問題，問問自己：國家為什麼要教人民批判思考？這個問題好像很天真，「因為批判思考很重要！」也許我們會很直覺地如此回答。政府培養人民批判思考的能力，那不就等於培養了人民批判政府的能力了嗎？政府做這件事情是不是有點搬石砸腳，為自己製造麻煩？然而，沒有批判、獨立思考的能力，撇開政治與社會參與不說，一個人真的有能力為自己的人生作決定嗎？沒有能力為自己的人生作決定，那在一個民主國家，人又怎麼可能有能力透過選票來決定自己與國家的未來？培養叛逆的能力，大概是這個國家保護自己民主精神的方式。

這也是為什麼今日的法國高中哲學教育偏重在孕育學生對分析、論理的興趣甚至偏好，希望學生在各式資訊面前，青睞理性分析更勝感性說服，且有能力自己分析，對資訊作出獨立的判斷。儘管這些學生們實際上對哲學思想的認識很淺薄，大概就像我們曾經讀過的四書《論語》一樣，除了一些華麗的句子和概念，沒什麼太深刻的認識。至少，進入大學哲學系的學生們卻多數抱著對哲學的憧憬而來，雖然有時候這憧憬可能源於某些片面的幻想，卻至少有著一定的學習動機，讓老師們省去了娛樂學生、賺取關注的力氣。

第一年教書的開學前夕，我緊張地問著同事們大一學生的程度，同樣身為博士生，其他老師總是一臉老神在在地跟我說：「不用擔心，他們什麼都不懂，從零開始教就好了。」

我上完第一堂課的時候心裡嘀咕著：「才怪！什麼從零開始，根本應該從負的開始教。」正是因為學生們在高中時泛泛地學過一些哲學著作，聽過一些老師簡介的哲學理論，所以他們並不是腦中一片空白，反而有著許多宛如維基百科的簡化認知以及偏見，以及丟不完的專業詞彙。

「老師！（其實在法國學生是用先生、女士來稱呼老師，用在中文語境實在很老氣，就容我不這麼寫了）柏拉圖不就是提出二元論，認為理型是永恆的獨立存有嗎？」第一堂課，我還在簡介著柏拉圖的著作形式的時候，一個妙麗舉手丟了一堆術語「二元論」、「理型」、「獨立存有」等等，每一個詞都可以花上三個小時來界定語意。記得自己從前在大學的時候，半吊子的學問讀過幾個詞彙就好像槍上了膛一般，咻咻咻地發射著「後現代」、「大敘事破碎」、「解構」，噼哩啪啦地用著自己都不確切知道的詞嚇唬別人。

柏拉圖大概是第一個有這種「負教學」想法的人，認為許多偏見已經障蔽了部分的思考能力，必須先去除這些偏見，真正地回到零，才能開始學習。所以我總是在開學第一堂課跟學生說：「請你們先忘記所有你們已經學過的哲學理論，回到面前的文字和我問的問題上面。」當我碰到學生對我發射「術語子彈」的時候，就會反問他：「你說柏拉圖提出理型論，你可不可以跟我說他在哪裡提出這個理論？你可不可以解釋獨立存有為什麼一定要獨立？」

在任何學問裡面，這些令人聽不懂的「術語」其實用起來很像在罵髒話，很有魄力，看起來很嚇人，卻沒有什麼意義。但也跟髒話一樣，因為本身沒什麼意義，所以非常好學，隨便看看維基百科或者問問谷歌大神就可以搜集一大堆。這些詞彙本身並沒有思想內容，更不代表任何知識，因此使用這些詞彙不代表有思想，更不代表理解背後的哲學問題。

為了避免學生們背誦這些空洞的哲學詞彙來應付考試，寫了一堆不知所云的名言錦句、警世名言來當作論說文，法國的哲學教育特別注重學生在寫自己的論點的同時，要把論點所討論的問題本身講清楚。記得自己修讀碩士、博士的過程中，撰寫論文時常寫得太忘我而預設讀者知道自己在處理什麼樣的問題，卯足了勁地寫著論證，每次都逃不過指導老師的法眼。老師每每強調，在開始論述什麼事情之前，一定要交代清楚這些論述背後的哲學問題是什麼，為什麼是個必須談論的問題。

台灣人文社會學科的學生們一定常常在寫作業或論文的時候聽到「問題意識」這四個字，老師、助教、學長姊總是會一再叮嚀寫報告一定要寫「問題意識」，只是很少人解釋清楚「問題意識」到底是個什麼東西。問題意識在後面的章節會再提出討論，這裡先談「問題」，還有為什麼在法國的哲學討論中這麼重視問題的呈現。

舉剛剛班上妙麗的例子來說，學生因為只學了一些哲學家的名言錦句和專業詞彙，所以脫口就會說：「自由就是不妨害他人權利」，這句話本身並沒有錯，但如果我們不知道「權利」、「自由」、「妨害」確切來說在這句話裡面的意義，還有為什麼要用與權利的關係來界定自由，那麼不但句子非常空洞，而且更可能讓學生以為：「既然自由就是不妨害他人權利，那麼抗議或罷工都影響他人權利，所以我們沒有抗議或罷工的自由。」這就是為什麼把這些判斷句背後蘊含的問題說清楚，比堆疊術語更加重要；舉例而言，在這句「自由就是不妨害他人權利」背後，就反映著一個問題：

「如果自由代表想做什麼都沒有限制，那一個自由的社會，是不是代表我有殺人、侵占財物、謾罵、暴力相向的自由？如果每個人都有這樣的自由，那人們好像就只是一群弱肉強食的野獸，社會也將蕩然無存，自由在這個意義下難道不等同於暴力？」

在背後問題變得明朗之後，才能夠說明為什麼「自由就是不妨害他人權利」這句話本身有意義，更能夠將自由與權利之間的關係看得更清楚。再更進一步探討，學生也許會意識到「抗議與罷工」是法律保障的權利而不是個人突發奇想而行的「自由」，不但「抗議罷工妨害他人權利，所以沒有這樣的自由」一說不攻自破，更反過來讓我們意識到反而是我們的言論、表達自由不應該妨礙了這些權利。

問題導向的思辨教育在法國的哲學教育裡面根深柢固，這樣的傳統避免孩子死讀書，用背誦的方式來學習哲學思想，以免養出了一堆學舌的鸚鵡。因此，開學的頭幾個月，總是有不少學生唸叨著這些成串的術語對老師們唸咒似地講個沒完，到了學期末就漸漸少了這樣順口溜似的作業或課堂問答。

3

不要再說「依我看來」！

——從高中哲學到學院哲學

年輕老師的煩惱

在法國教書的第一年十分辛苦，自己給的壓力很大，上課的時候非常緊張，和學生的進退應對之間充滿了不安與自我懷疑，每次下課之後都累到全身虛脫。歐洲國家的學生，不像台灣學生大部分都被教導得十分守規矩，每個都個性突出，脾性難料。第一次走進教室，面對五六十個學生，不僅教室沒有任何設備，只能敞開喉嚨上課，學生更是每個看起來都比我年長世故，我還常常因為看起來太不像老師，被學生和秘書當作同學問候。

相對於多數歐洲國家強調師生之間的階層關係，或是英美國家從大學開始習慣直呼其名，法國教師扮演著權威而非同伴的角色。然而，學生們也不是省油的燈，對於看起來不夠符合權威形象的老師們總是百般挑戰，不老、不白、不男、不夠高大、不夠兇、不夠有氣魄……就有學生一臉輕蔑地等著找機會為難老師。我這個嬌小、說話小聲，看起來比他們還年輕的亞洲女老師，一走進教室站上講台的那個瞬間都幾乎可以聽到學生心裡各種不信任的嘀咕。想想當初，自己大學的時候也是各種桀驁不馴，站到了講台的另一邊，才突然發現老師不好當，站在講台上真的是什麼都看得、聽得一清二楚。一開始用法文教書在很多狀況上都覺得十分不自在，想喝止學生不知道怎麼說才不失禮貌，遇到針鋒相對的時候總是語塞。我這個年輕的菜鳥老師說著第二外語，第一年看盡學生各種不以為然，連法文出錯都可以透過學生的嫌惡的表情立刻察覺。

想當初第一年教書之前，我的指導老師跟我說：「如果學生吵鬧，直接拍桌子！不然，我在隔壁教室上課，妳跟我說，我來罵人！」殊不知，在往後教書的三年當中，因為學生人太多，吵鬧起來實在太大聲，我根本是拿水壺敲桌子，只是不曾拍桌子而已。在四年的教書生涯中，前兩年每週上課都像是進行一場跟學生的攻防戰，一刻都不容鬆懈，時時要板著臉，鎮住班上的牛鬼蛇神。第三年開始，有了經驗也比較遊刃有餘，終於開始感覺到學生不再時時試探老師夠不夠格來教他們。

大家也許難以相信，面對夢幻的法國哲學系學生居然還需要管秩序，我當初也是如此。造成這個現象有幾個原因，一是歐洲國家社會開放，學生自然比較不畏於展現自己；二來，法國的大學系統並非唯一的高等教育途徑，社會上所謂的菁英學生在大學階段會在另一個「高等學校」系統就學，因此一般大學部的學生沒有特別獲得社會期許；此外，法國大學入學沒有篩選（至少到目前還是如此），希望提供所有想要受高等教育的公民接受教育的機會，所以入學十分容易，但畢業卻相對困難，每年刷掉幾乎四成的學生。各種因素導致一般大學的第一年教學相對困難，學生們不一定有很強的學習動機，也有部分學生只是不知道自己要做什麼先念大學再說，跟台灣高等教育有著很多相似的問題。

「我覺得」

在法國，高中的哲學課主要鼓勵學生思考，所以課程當中有很多開放式討論，讓學生各自發表對某個問題的看法，再順著討論介紹一些哲學家的思想。一年的哲學課教得不多，以引發學生討論興趣為重，在這樣的氛圍下，學生們對哲學課的印象多數停留在：自由討論，各抒己見。

大概是這個原因，一開始大一學生在課堂上很活躍，會問很多問題，也喜歡說：「我覺得這邊要說的就是這個……」沒有什麼原因，就是「我覺得」。文獻解釋和評論在法國從國高中就開始訓練，所以學生即便喜歡說「我覺得應該如此這般」，或認為哲學應該要自由討論，也很少碰到學生開口說：「哲學不就是大家各自詮釋嗎？」

記得某次回台灣兼課，我指正某個學生的解讀問題，學生反駁我：「老師，我認為哲學就是發表自己的看法，文章當然會有不同詮釋，妳不能說我錯。」教書幾年以來，這還是頭一次遇到這種情況，當下十分錯愕。

我當時對所有學生說：「如果哲學只是詮釋，各種讀法都沒有對錯好壞，那為什麼還要上課，大家回去各自望文生義不就好了？」

詮釋與超譯

這個與學生的小衝突背後有個令人疑惑的事情：同樣的文章到了每個人眼前讀出了不同的詮釋，這句話聽起來理所當然，不過說讀書只有詮釋沒有對錯，那麼「指鹿為馬」是不是也只是詮釋問題，沒有真假對錯的問題？

為什麼我們會不假思索地認同每個人讀文章會有不同的詮釋，卻不認為當有人說「今天天氣好」的時候，可能根本不是我們想像的意思？換個例子，這個時代各種短訊使用頻繁，有時圖解更勝文字，表情符號就這麼進入了大家溝通的範圍。但同樣是微笑，為什麼一個看起來一點也不真實的☺和「蒙娜麗莎的微笑」一比，前者的意義幾乎毫無爭議，後者卻有眾多詮釋？

柏拉圖在《費德羅》這篇對話錄當中曾經討論到相關的問題：

蘇格拉底：對於有些事物所有人都無所異議，但在另一些事物上卻會有所爭議，可能不是所有人對這一點都十分明瞭。

費德羅：我覺得我懂你說的，但你能解釋清楚一點嗎？

蘇格拉底：我們用一個名詞的時候，比如說「鐵」或是「錢」，難道所有聽到的人腦袋裡想的不是同一個對象嗎？

費德羅：是同一個對象。

蘇格拉底：那當我們說「正義」或「善」的時候，難道不是每個人都朝自己想理解的方向去理解，導致我們不只相互之間有意義，連跟自己都難有共識？

費德羅：完全沒錯。

蘇格拉底：所以在某些字詞的指涉上，大家沆瀣一氣，但在另一些字詞上卻不然？

費德羅：是這樣沒錯。

蘇格拉底：那麼，兩種字詞裡面，哪一種我們比較容易被誤導？哪一種更能展現修辭術的威力？

費德羅：當然是會有歧異的那一種字詞，這很明顯。[1]（**柏拉圖《費德羅篇》**）

這一段對話在原文當中本來是要討論我們更容易被什麼樣內容的言論誤導，但是它同時點出一個重要的差異：某些詞句看似擁有比其他詞句更大的詮釋空間，就像「正義」一詞比「兩塊錢」一詞在意義上會有更多的爭議一般。

我們可能會以為某些詞彙沒有爭議、沒有詮釋空間，因為這些詞彙的意義源自某個具體的東西，就像「鐵」、「錢」，但如果我們更仔細一點想，這個原因好像不太令人滿意，因為某些沒有詮釋空間的詞彙好像背後並沒有一個東西，某些具體的東西在某些情境下好像突然又變得很有詮釋空間。比如說「我明天上台北」，這句話的意思再清楚不過了，但「明天」好像並沒

1. 柏拉圖《費德羅篇》，孫有蓉譯本，第二五七～二五八頁。孫有蓉，論愛論美柏拉圖《費德羅篇》譯註。（商周，二〇一七年七月）

有個什麼具體的東西在背後。反之，一個本來大家毫無爭議的表情符號☺，在某些情境下卻讓苦主想破腦袋。比如說：

A：我喜歡你。

B：☺

同樣一個表情符號，換一個脈絡就少了這麼多糾結：

A：明天晚上一起吃飯喔！

B：☺

就像上文對話錄的引文內容點出的，在某些詞彙上大家容易各自按照自己的方式去理解，因為這些字詞的指涉並沒有共識，不管這個共識是基於社會使用習慣、字典定義，或是教育傳承。我們因此可以注意到，某些字詞甚至符號，多數用法中都沒有歧異，但這個使用方法一旦走到了共識的邊緣，詮釋的空間就彌漫開來，就像這個在「我喜歡你」之後回應的笑臉，百語千言都訴不盡它的意義。這也是為什麼有些「行話」對內行人意義再清楚不過，對外人卻可以有多種不同的理解方式。這大概可以解釋為什麼一篇新聞報導鮮少有人揣測背後可以有多種不同詮釋，因為報導中的詞句多數都由於使用習慣而意義十分扁平，沒有太多其他詮釋空間，但一篇哲學文章卻可以引發多重意義上的辯論。

習慣之所以會將意義扁平化，變得只剩下少數，甚至單一指涉，為的是更有效率地面對日常生活中的進對應退，讓本來有眾多可能的情境、字詞、對話被讀成無限重複、千篇一律的幾種搭配方式，就像學英文的時候，不斷地重複著：「How are you?」，「I'm fine, thank you, and you?」好像問候詞句就只能這麼搭配使用一般。哲學思考視習慣為大敵，正因為大家在日常生活中習慣了不假思索地應答，用千篇一律的方式與視角，把千奇百怪的花花世界看成了沉悶毫無新意的現實生活，為了突破無所不在的習以為常，哲學家挑戰著字詞與背後概念的習慣用法。不過，字詞指涉的意義一旦從習慣中解放出來，隨之而來的當然就是對文字不同的詮釋與理解。舉例來說，笛卡兒眾所皆知的句子：「我思故我在」，就常常因為讀成「我思考所以我存在」而詮釋為「思考是存在的意義」。

我這樣說，那麼不就自打嘴巴，一下說哲學專門解放字詞的意義，讓本來被習慣扁平化的思想能夠重新被檢視，一下又說哲學不能只是各自有各自的詮釋，更不是超譯，那在「有詮釋空間」和「超譯」之間要怎麼拿捏哲學文獻的理解呢？

就拿這句笛卡兒的「我思故我在」來說，讀成「我思考所以我存在」有什麼不可以？理解成「思考是存在的意義」又有什麼不對的地方？

我們剛剛說，字詞有詮釋的空間，因為每個人對同一個詞的指涉沒有共識，所以組成句子的詞彙常常因為多義而造成多種理解，就像「我思故我在」裡面的「思」、「故」、「在」，每個人好像都能看出不同意思。然而，笛卡兒或任何哲學家寫作都鮮少只寫這麼一句警世名言，相反地，哲學家的言論通常都是長篇大論，看也看不到頭，難道哲學家自己寫這句話的時候都沒任何引導或解釋嗎？

讓我們看看笛卡兒自己怎麼說：

我早就注意到，為了生活中的作息，有時候需要採納一些明知很不可靠的看法，把它們當成無可懷疑來看待，這是上面說過的。可是現在我的目的是專門尋求真理，因此做法就完全相反：任何一種看法，只要有能夠想像到有一點可疑之處，就應該把它當成絕對虛假的拋掉，看看這樣清洗之後我心裡是不是還剩下一點東西完全無可懷疑。因此，既然感官有時欺騙我們，我就寧願認定任何東西都不是感官讓我們想像的那個樣子。既然有些人推理的時候出錯，連最簡單的幾何學問題都會出錯，作出似是而非的推論，而我自己也跟別人一樣難免出錯，那我就把自己曾經用於證明的那些理由統統拋棄，全部視為假的。最後我還考慮到，我們醒時神智中的各種思緒在睡著時也照樣可以跑到我的神智當中，但屆時卻沒有一樣是真

> 的。既然如此，我也就下決心認定：那些曾經跑到我們神智中的東西也統統跟夢裡的幻影一樣不是真的。然而我馬上就注意到：當我想要認為一切都是假的時候，那個正在如此認為的我必定是個什麼東西。我發現「我思故我在」這條真理如此堅實、鞏固，任何狂妄的假定都無法懷疑且始其動搖，所以我毫不猶豫地予以採納，作為我所尋求的那種哲學的第一原理。[2]
>
> **（方法導論，第四章）**

笛卡兒著名的這句「我思故我在」出現在其著作《方法導論》（Discours de la méthode）的第四章，從這短短的一段節選沒辦法窺探笛卡兒較完整的思想，但卻足夠讓我們對「我思故我在」的意義與背後哲學問題有所了解。

這段節選的頭兩句，開宗明義把笛卡兒做學問的意圖表明得很清楚：

> 「我早就注意到，為了生活中的作息，有時候需要採納一些明知很不可

靠的看法，把它們當成無可懷疑來看待，這是上面說過的。可是現在我的目的是專門尋求真理，因此做法就完全相反」

不管我們對「生活作息」、「尋求真理」、「不可靠」、「無可懷疑」這些詞彙作何解，任何詮釋不能否定的是這兩句話前後的邏輯關係，也就是說：「生活作息」的方法與「尋求真理」的方法兩者不同且可能相反。藉由這個前後相反的關係，讓我們可以確定任何詮釋不能違背的是「真假可懷疑卻還是當真」的生活作息方法，與「尋求真理」不容。

光是這三行，當然不足以確定笛卡兒「尋求真理」的方法到底指的是什麼，如果沒有後面的論述，那麼也許笛卡兒的真理方法就真的是任人宰割、隨便超譯。然而，後面笛卡兒所言卻明確地界定了當他說「尋求真理方法」的時候所指為何：

2. 作者自行從法文版本翻譯，讀者可參考王太慶譯本《笛卡兒談談方法》第九九～一〇〇頁。（網路與書，二〇〇七年十一月）

「任何一種看法，只要有能夠想像到有一點可疑之處，就應該把它當成絕對虛假的拋掉，看看這樣清洗之後我心裡是不是還剩下一點東西完全無可懷疑。」

這三行是以說明的方式接在「尋求真理的方法」之後，因此不管怎麼詮釋都很難否定前後邏輯上的解釋關係。因此，再怎麼詮釋都難以否定笛卡兒在此說明的方法在於「懷疑的可能性」，只要可能被懷疑就應該排除此對象作為真理的可能性，而「尋求真理」由此推斷即是尋求「無可懷疑」的東西，短短這幾行也間接地界定了「真理無可懷疑地為真」。

講到這裡，中文語境的讀者可能會覺得「懷疑」或「無可懷疑」好像屬於「相信」或甚至「信任」的領域。因此每個人讀到這裡可能各有不同詮釋，覺得笛卡兒好像在講宗教一般，要對真理深信不疑。不過笛卡兒接下來的解釋就排除了這種理解：

「因此，既然**感官**有時欺騙我們，我就寧願認定任何東西都不是感官讓我們想像的那個樣子。既然有些人**推理**的時候出錯，連最簡單的幾何學問題都會出錯，作出似是而非的推論，而我自己也跟別人一樣難免出錯，那我就把自己曾經用於證明的那些理由統統拋棄，全部視為假的。最後我還考慮到，我們醒時神智中的各種**思緒**在睡著時也照樣可以跑到我的神智當中，但屆時卻沒有一樣是真的。既然如此，我也就下決心認定：那些曾經跑到我們神智中的東西也統統跟夢裡的幻影一樣不是真的。」

這一長串的文字，我們可以發現裡面包含了邏輯上層次平等的內容，換句話說，笛卡兒用平行的方式條列出了因「可懷疑」而必須排除的認知內容，其中平行的三者包含：感官、推論、思緒。三者之間的邏輯關係，以及這三者與前一段之間的補述關係，都不會因為我們對單一詞彙理解不同而有異。

感官有時候欺騙我們，因為先不論錯覺，或視覺錯置、腦補各種網路上常見的實驗，黃燈下，白色看起來是黃的，所有顏色都因為色差而可能本來並不是我們看到的顏色；遠近高低會影響我們看到的形狀、大小、比例；溫差可能影響我們感覺到的冷熱。記得剛上大學一進哲學系時，有個老師最喜歡舉一個例子：把右手放在冰水，左手放入熱水，同時將兩隻手放入第三盆溫度介於兩者之間的水中，同一盆水左右手感受到的溫度卻不同。在這個意義下，接著上一段笛卡兒說要排除所有可能被懷疑，留下無可懷疑的東西，我們的理解就跟著限制在：感官可能出錯，因此我們可以懷疑感官傳達的內容可能不是真實的，所以將感官所傳遞的內容排除在真理之外。

同理，推論可能出錯，任何在腦中出現的思緒在夢中也可能以虛幻的方式出現，所以這些東西的真假都可能被懷疑。我以為某個數學論證是真的，但也可能我不知道我推論所依據的規則其實是錯的，所以論證本身可能是錯的；我醒著的時候以為是真的思緒，搞不好只是我夢到自己醒著在想這些東西，所以也有可能不是真的，因此這些東西的真假都可以被懷疑，所以不能當作尋找真理的基礎。

單純按照文章內所彰顯出來的邏輯關係，我們會知道文章到此，笛卡兒說明了那些可以被懷疑、要被拋棄不能算在真理之內的東西。然而接下來筆鋒一轉，最後一段開頭的「然而」兩字卻不置可否地點出了「然而」之後文字講述的跟前面是兩種相對立的狀況：

「然而我馬上就注意到：當我想要認為一切都是假的時候，那個正在如此認為的我必定是個什麼東西。我發現『我思故我在』這條真理如此堅實、鞏固，任何狂妄的假定都無法懷疑且使其動搖，所以我毫不猶豫地予以採納，作為我所尋求的那種哲學的第一原理。」

由於「然而」所點出的這個邏輯關係，我們的理解就被引導朝向相反於前述內容的方向，換句話說，如果前述是要被屏棄，可被懷疑的內容，那麼此處所言必然不屬於這一類。正如笛卡兒所言：「當我想要認為一切都是假的時候，那個正在如此認為的我必然是個什麼東西。」在我懷疑的時候，那個在懷疑的我不能被懷疑必須要有個我在那邊懷疑。因此，「我思故我在」是不可被懷疑的真理。

通常「我思」容易被理解為「我思考」，然後被聯想成「理性思索、探討」之類的思辨活動。但我們可以看到在這個段落裡面，「懷疑」、「認為」本身也在「我思」的範圍之內：因為我認為什麼可被懷疑的時候必須有個「我」在認為，所以認為的我不可懷疑。如果我們閱讀全文，我們會知道笛卡兒的這個「我思」甚至包含了感官、慾望，即任何意識活動：我看到藍色天空的時候，有沒有天空或者天空是不是藍色的可以被懷疑，但我正在有這個感覺本身沒辦法懷疑。

「我思故我在」變成笛卡兒發現不可懷疑的第一真理，因為我思的時候（我認為、我感覺、我懷疑、我想要、我夢到……等等），這個「思」總是呈現出了一些內容，例如「我認為世界很無聊」、「我感覺這個人很討厭」、「我懷疑這個人講的是實話」、「我想要吃牛排」、「我夢到我變有錢」，每個「我思」都展現出某些內容，而這些內容本身是真是假可被懷疑，但有個我正在思著這些內容才有這些內容不可被懷疑。所以每次這些「我思內容」出現，都彰顯出了有個「我」在那裡思著這些內容。

讀者也許有些失望，笛卡兒的「我思故我在」好像沒有什麼充滿智慧的感覺，本文不比超譯「思考是存在的意義」來得精采。但這樣的斷章取義除了給了一句看起來充滿教導意味的教條，似乎完全對個人的思考沒有任何幫助，而笛卡兒短短這一段文章卻讓我們看著他如何一步一步地檢視生活當中各種可疑的想法，排除那些可能似是而非的內容。[3]

經過對文本如此的分析，我們可以發現：沒錯，單一詞彙可能會有許多歧異，大家的理解各相逕庭，但是哲學家在撰寫的時候對多數詞彙都有界定。比如說上文中的真理就用了真實性不可懷疑來加以界定，除此之外，哲學文章前前後後都有邏輯關係加以串連，這些邏輯關係的詮釋空間非常小，因此整體的理解和詮釋就好像必須按著一張地圖來走一樣，路途上的風景也

3. 對「我思故我在」這句話的哲學意義與重大影響有興趣的讀者，可以參考我為野人出版社於二〇一八年出版《沉思錄．我思故我在：「近代哲學之父」笛卡兒第一哲學代表作》所寫的導論。

許有些不同，但大方向的左轉右轉卻很難隨意理解。

在教書的過程中，每每最難訓練的就是學生們對這些邏輯詞彙的掌握。由於閱讀的時候最直覺的方式就是去擷取文章大概講了些什麼內容，所以學生自然而然喜歡去記誦一些詞彙，並且自行想像這些詞彙有什麼意義，而忽略串連這些詞彙的連接詞才是理解文章的關鍵。就好比我們看地圖，只記誦地圖上這條路有招牌，那條路有樹，卻沒有注意路標哪裡禁止左轉、哪裡靠右行駛，就容易花更多時間還可能找不到目的地。

4

學生為什麼抓不到重點？

——學習需要方法，思考更需要

不管什麼年級、什麼科目，老師們最苦惱的大概就是學生抓不到重點，好像打靶每次都擦身而過一樣，次次打到別的點上去。某一年我遇上一個學習動力很低的班級，週四早上八點的課，學生若非姍姍來遲就是一臉茫然，整個學期教下來，讓我十分洩氣。學期中一次回家作業，要法國學生們回家把上課已經分析過的文章重新摘要一遍，並且把文章中的論證整理出來，結果收了四十多份作業改得自己七竅生煙，失望無比。當時教學經驗還不多，新官上任到處放火，老是覺得學生怠惰不上進，自己恨鐵不成鋼，總是想一頓捶打把學生打出點形狀來。

發作業的時候，成績都十分慘淡，我也直接跟他們說大家沒有抓到重點，一篇上課都已經解釋過的文章，問大家懂不懂也沒提出什麼問題，怎麼一出作業寫得七零八落，不過把文章換句話說就想交差了事。我把作業的題目重新又解釋了一遍，講了一遍摘要給學生聽，跟他們說為什麼哪些東西不能漏掉，哪些連接詞一定要特別處理。為了激起他們一點鬥志，就用加分的方式，鼓勵他們到台上口頭把這個摘要練習重新做一遍，一邊重建論證，一邊問問題。一看到加分，分數最差的學生們就衝第一個，想說只要重複講一遍我剛剛才說過的話就能及格，何樂而不為？殊不知，一連十個學生上來，卻連重述都是一片兵荒馬亂。

「呃……驅動人行動有兩股力量，一股主導、一股領導我們。」

「你確定文章裡面主導跟領導講的不是同一個對象嗎？文章裡面怎麼寫的？」

「『存在兩種驅動力主導且領導著我們』。」

「所以呢？講得是不一樣的驅動力一個主導一個領導嗎？想一下，重新開始講。」

「噢。驅動人的行動有兩股力量，一股主導，一股領導。」

「……（嘆氣）」

這大概是我教書生涯中最為崩潰的一堂課，但也因為終於有機會跟不少學生一對一地問答，在這一問一答、再問再答的過程當中開始比較了解學生們的困難和限制。

有一次，在我花了整堂課說明對柏拉圖來說「哲學家」是拿來稱作那些整個生命被求知的熱愛所驅動的人，下課後一個女孩跑來跟我說：

「老師，有一次早上我起床洗臉，看著鏡子中的自己，突然覺得這個人不是我，這大概就是我們哲學家跟別人想的不同對不對？」

「但剛剛我說明的正是要解釋，對柏拉圖來說，絕對不是因為我讀的東西叫做哲學，我就是哲學家，所以我們可能對柏拉圖來說根本不能算是哲學家，因為求知的熱愛可能並不是主導我們行動的動力。」

「但我們哲學家就是會看到不一樣的東西啊！」

「但是剛剛課堂上要說明的就是讀哲學系不代表是哲學家……」

這些場景歷歷在目，每個時刻都讓我好氣好笑又哭笑不得。我分享的教學經驗，都因為非常誇大、不可置信所以難以忘懷，但學生的反應誇大與否卻反映著同樣的問題：抓不到重點，只聽到自己想聽的內容。

大概是學生的表現讓我太震驚，一連十個學生輪流上來講同樣的東西，卻從第一個到最後一個都講得七零八落，就連上述前者都做不到。這次經驗讓我回去反省很久，覺得一定是教學過程裡出了什麼問題，讓學生就連在重複的練習裡都抓不到重點。另一方面，課堂中總是有少數幾個同學，學習動力似乎很強，卻怎麼練習就是掌握不到要領。不管給他多少次加分機會都還是只能勉強給個及格，讓我有點心疼這些不得要領、一直努力卻徒然無功的學生。閉門思過之後，我想設計一些基本的方法練習，幫助他們開竅。

一次下課之後，我把兩個班級的四五個學生留了下來，告訴他們按照原來的方式，這堂課可能沒有辦法及格，要他們課後留兩個小時跟我做一些練習，我就會讓他們及格。大家聽到這裡可能覺得這些學生程度太差，連及格都摸不著邊，應該直接放生，但就如我前面說過，法國大學入學容易，但每年都會當掉四五成學生，和台灣幾乎全數及格的情況相差甚遠。學生們聽到可以補習又可以及格，當然都開開心心地接受了！所以我準備了三個練習，選了某個週四上完課的時間連續幫兩組學生做課後輔導，從早上八點進入學校，再次踏出校門已經是八個小時之後，還有學生覺得意猶未盡，因為練習還沒做到讓自己滿意，想繼續練習。

看著學生進步，老師自然開心，但小小三個練習卻讓我看出學習方法有多麼缺乏，想要學習又有多麼困難。

重點是什麼？重點在哪裡？

學生為什麼抓不到重點？重點又是什麼？為什麼有重點不重點的問題呢？

在給學生課後輔導之前，我花了很多時間思考怎麼跟學生們說明為什麼需要學會抓重點。大家可能覺得這個問題很無聊，重點很重要有什麼好疑惑的，為什麼連這種問題都需要想？但如果試著反問自己，當一個人不知道重點是什麼，為什麼會有重點，就算要他重複一百次「要抓重點啊，重點很重要！」他也不知道該怎麼抓重點，為什麼重點很重要。如果是這樣的話，那麼這一句「讀書要抓重點」其實一點意義也沒有。

「所以為什麼會有重點啊？」果然愈是簡單稀鬆平常，以為人人都懂的字眼愈是摸不著頭緒。我一邊忖度著，跟自己想像的難搞學生對話了起來：

「一個內容會有重點，代表不是所有東西都一樣重要。」

「老師，妳這不是廢話嗎？」

「是廢話嗎？那我換個方式說：一個內容如果有重點，代表內容裡面的所有元素不是處於等價關係。」

「呃……什麼等價關係，在上經濟學喔。」

「這樣說好了，超市都會發一些折價券之類的東西，你看到折價券第一個會注意到什麼？折多少價？什麼商品折價？哪間店在打折？還是那張折價券的大小、顏色、花樣？」

「那要看我是要去買東西還是拿它來作平面宣傳的範例研究，為什麼折價券大小就一定不重要？」

「有道理。不過你也注意到了，這好像跟我們想擷取的訊息面向有關。一旦選擇了一個角度，各個元素之間似乎會有相對應的優先順序排列，是吧？」

「大概吧，有點抽象。」

「如果可以畫重點，而且作者自己可以為自己畫重點，那應該代表作者本人在寫東西的時候就大概有區分哪些東西屬於核心，哪些東西比較邊陲？就像我現在就希望你不會只記得折價券的顏色不是重點。」

「好啦，我知道折價券顏色是不是重點不是重點。」

「所以作者寫作的時候，如果對他來說有特別的訊息希望讀者理解，但是這個訊息要嘛需要其他訊息來支援說明，要嘛單刀直入沒人要看，所以就會用很多其他元素來堆疊鋪陳，讓主要訊息本身可能更容易被接受。比如說，如果我今天要訓練你們一些讀書思考的方法，如果我單刀直入就說：

『論述性文章在寫作的時候會先定義文章的主題，主題本身由一組主要概念來論說，而為了釐清每一個主要概念，會有一群補述概念去支持、說明每一個主要概念，整篇文章就會以主題為中心在各個概念的邏輯關係之下羅織成一個層次分明的網絡。找重點就是這樣層層找下去，把每一層內部跟之間的概念和其之間的關係找出來。』這樣你覺得如何？」

「妳剛剛說什麼？噼哩啪啦一串過去，我什麼都沒記起來。」

哎，難怪編輯把我正經八百寫的東西退回來，果然真的是沒人要買這樣的書啊。

「這就是為什麼所有書寫，就算是寫最艱澀的內容，都還是會鋪陳。不一定是為了引起讀者興趣，而是某些核心概念可能需要從一些比較基本卻相對來講不是文章核心要講的問題推衍出來。有時候講得太抽象，顧慮到讀者理解可能會有誤差，作者也會舉例，大家應該可以認同例子跟例子說明的部分兩者的重要性不一樣吧？」

簡言之，一個內容之所以有重點是因為內容牽涉的所有元素並非同等重要，而且從不同的角度與目的來看相同的內容，元素之間重要等級的排列會變動。在這個前提下，為了快速掌握在特定目的下的特定內容，最有效的方式就是抓住一個濃縮版本，換句話說，就是做筆記的能力。

這裡要做一個小提醒，剛剛說一個內容有重點，代表內部元素的重要程度有高低先後順序，在**有效掌握內容的目的**之下，我們篩選出最具代表性的部分當作重點。這個過程不能稱為去蕪存菁，只用這個方式讀書更絕對不是好方法，因為所有的重點都是對原內容的一種簡化，既然只掌握到簡化剩下的部分，那就可能遺漏掉許多在其他面向下可能很重要，或者對內容完整性來說不可缺少的部分。這也是為什麼學會抓重點很重要，但是學會知道自己抓的重點只有在特定目的下才是重點，並不代表對整體內容通透了解更重要。在學習的過程中，起步的階段學習抓重點很重要，但隨著學習愈來愈深入，學著知道如何區分不同層次的重點，在什麼時候要以什麼層次為重點更加重要。

做筆記也是一門藝術

在求學的過程當中，一路上來，每個老師都抄得一手好板書，上課振筆疾書，連塗改的時間都沒有，更別說思考了。不知從什麼時候開始，如何抄筆記變成了一門學問。先不說網路上五花八門分隔筆記本、顏色、順序的形式，社會上好像也慢慢開始覺得「背多分」與「地毯式筆記法」並不是好的學習方式，學生抄了一大堆板書，回家背得你死我活！先不說考試還不會使用這些死背下來的資訊，考完大學就像失憶一般，這些板書成為沒有意義的垃圾。

由於台灣的考試著重對於資訊的熟稔，而不是學生的見解或理解，所以上網搜尋被大家傳頌的高中筆記，很容易發現好的筆記就是把一個內容簡化為一串關鍵字。比如說：

中英鴉片戰爭、一九四〇年、南京條約、結束閉關自守、失：關稅自主、領事裁判權、租借權。（取自台中衛道中學網頁的學生筆記）

剛剛說過，畫重點都是針對特定目的、選定特定面向才能評估重點是不是重點，這樣說來，台灣學生畫的重點以準備選擇題的考試來說是畫對了重點沒錯。中英鴉片戰爭出現在法國高中生的筆記當中卻是完全另一個模樣，因為法國高中的歷史考試要求學生針對某個題目撰寫一篇論說文，這個題目可能是「試論中國一九四五年以來的國際關係」（二〇一七年法國高中會考歷史科考題），學生就必須針對題目把自己學習的所有歷史事件消化反芻之後，用題目要求的觀點來書寫。

同樣以準備考試為目的，法國的考試形式就要求學生對歷史事件有比較宏觀的理解與看法。我從網路上一個共同筆記平台找到了法國學生對中英鴉片戰爭的筆記，儘管這個筆記我花了一點時間才破解他的寫法，卻很值得拿來當作例子。

這筆記大概是這樣：

A、霸權意志

＋一七九三和一八一六年的外交任務，希望打開中國對外貿易：失敗

＋英國外銷大量茶葉＝經濟轉換＝需要（中國）開放，中國貿易依賴出口鴉片的英國，金融資源被掏空

＋回應：中國在一七九六、一八一三、一八三九、一八五九禁止鴉片

＋一八三九：意圖清楚：中國充公物資並銷毀一千一百八十八噸的鴉片，因此英國在一八四〇年派軍隊，這是第一次鴉片戰爭的開始

這是一份做得不是很好的筆記，因為常常主詞是誰都沒有寫，很容易誤讀。不過在短短的筆記裡面，我們卻可以發現到被選為重點的內容與剛剛台灣學生的筆記完全不同。法國學生要應付的考試需要更宏觀對事件的理解，被選出來作為重點的就是事件，在中國和英國各自在事件發生前的社會經濟狀況，用國際貿易拓展作為框架來理解整個事件。在法國學生的這份筆記裡面，我們甚至找不到確切南京條約的條目。

相對應於各自的目的，法國與台灣學生的筆記其實都達到了抓重點的目的，不過這是在應付考試為前提的條件之下。從這裡看來，學習找重點的第一步必須要先學會判斷自己是在什麼目的、什麼意義下要掌握重點。從學習過程到出社會，我們最常碰到需要掌握重點的時候就是作者提供資訊的擷取，不管這個資訊是一個統計圖表或者一篇文章，大家最常遇到的狀況是快速搞懂作者到底想說什麼。在這個目的之下，我們就可以開始進行重要性的評估，開始將資訊依照優先、核心邊陲、主要補充等關係來化繁為簡。

理解作者想要說什麼，大概是最令哲學系學生苦惱的事情，不僅因為作者常常話很多，更因為這些話時常很難懂。法國老師最常給學生的作業之一就是文獻評論與解讀，訓練的是學生不管拿到什麼文獻資料都能掌握關鍵與文章結構的能力，簡單來說，就是閱讀重點的能力。

我還是學生的時候，我的父親推薦了一本書要我讀，這本書叫做《如何閱讀一本書》，在我的求學、學習一直到書寫的路上都十分受用，其中很多方法也在我多方轉化之後，成為訓練學生們的練習。就如同減重塑身需要養成某些習慣，抓重點除了要有方法之外，也需要多加練習，讓方法可以變成一種習慣。

練習一：快速閱讀，抓主題詞彙

我給學生的第一個練習是一篇哲學短文，我要求他們以最快的速度閱讀，然後跟我說這篇文章的主題是什麼，選一個詞來說這個主題。讓我們用《如何閱讀一本書》的節選來做個小練習：

讓我們回到前面曾經提過的一些基本狀態。這裡有一本書，或任何讀物，而那兒有你的腦，你會做的第一件事是什麼？

讓我們假設在這情況中有兩個常見的狀況：第一，你並不知道自己想不想讀這本書，你也不知道這本書是否值得作分析閱讀，但你猜值得，或起碼只要你能挖掘出來，書中的資訊及觀點就會對你有用處。

第二，讓我們假設──這個狀況常常發生──你想要發掘所有東西，但時間卻有限。

在這樣的情況下，你一定要做的就是「略讀」整本書，或是有人說成是粗讀一樣。略讀或粗讀是檢視閱讀的第一個子層次，你腦中的目標是要發現這本書值不值得多花時間仔細閱讀。其次，就算你決定了不再多花時間仔細閱讀這本書，略讀也能告訴你許多跟這本書有關的事。[4]**（艾德勒、范多倫，《如何閱讀一本書》）**

如果只能選擇一個詞來說明這段文字所針對的主題，大家會選什麼詞

4. 艾德勒、范多倫《如何閱讀一本書》第三十四頁。（台灣商務，二〇一六年十二月）

呢？「閱讀」？「假設」？「略讀」？「分析閱讀」？或者「如何閱讀一本書」？

這段文字當然都跟以上這些詞彙有關，但是到底哪一個詞彙才能最精準地抓到關鍵呢？有一個檢視的方法可以給大家參考。這個步驟有點像是對某個內容貼標籤，標籤多了就沒有標籤的功能，所以標籤一定對於原本內容來說非常簡化。然而，標籤之所以還有標示功能，也是因為這個標籤簡化原內容的程度剛剛好只符合這個範圍。標籤如果太大，那可能因為有太多其他東西可以貼這個標籤，太小可能裡面有些東西被排除在標籤之外。

某一天搬家之後我來到廚房的調味瓶前面，看到了一瓶東西上面貼了「粉」一個字，當場哭笑不得，想說大概是我的伴侶中文太爛的結果。「粉」當然是個太大的標籤，貼了還是沒辦法知道瓶子裡面是什麼東西。但如果今天換成「鈣粉」，我們大概也很難想像，其實瓶子裡面的是一罐糯米粉。

讓我們用這個方法來檢查一下這些詞彙：

首先是「如何閱讀一本書」，雖然不是個詞彙，但我們還是拿來檢視一下。這一段節選當然在講如何閱讀一本書，畢竟書名本身就叫做《如何閱讀一本書》。然而，剩下的三百多頁同樣也都在講如何閱讀一本書，這樣一來，這個詞好像不能精確地代表這段文字的重點。

接著挑一個大家通常傾向選擇的專有名詞——「分析閱讀」。如果選了這個詞彙，那真的可能患了「專有名詞閱讀症」，因為這段完全在講不是分析閱讀的讀法。節選的第二段說：「你也不知道這本書是否值得作分析閱讀」，第四段說：「略讀或粗讀是檢視閱讀的第一個子層次，你腦中的目標是要發現這本書值不值得多花時間仔細閱讀。」代表「分析閱讀」是一種花時間精力的閱讀方式，且在略讀之後判定為值得閱讀才會進行。

那麼「略讀」或「粗讀」呢？這段文字有非常大的比例在講略讀或粗讀，但是也不要忘記之所以要講略讀，是為了解決第一段裡面點出的第一個狀況：「不知道是否值得讀」。所以略讀作為方法，呼應問題的來源「不知道是否值得讀」，而這個問題的來源則蘊含在另一個詞當中，也就是「檢視閱讀」。

再強調一次，選「略讀」或「粗讀」絕對是有抓到重點，但是一開始問的問題是這一段的主題，也就是整段之所以寫成這樣的主要問題是什麼，只有「檢視閱讀」這個選項讓我們可以含括整個節選的段落內容，而且同時幫助我們把剛剛說的「分析閱讀」統整進去。

練習二：刪掉那些你覺得拿掉不會有影響的詞句！

寫作的時候，為了效果或者強調，總是會有一些緩和的鋪陳：換句話說、重複、舉例……等等，如果直接抓重點在一開始太難，那麼刪節法對許多人來說比較容易一些。刪節法並不只是在刪掉無意義的贅字，而是督促我們去思考某些內容之間是否有重複的關係，讓難以判斷的複雜內容刪減到比較少元素來考量。

讓我們用另一段來做練習：

略讀的習慣應該用不著花太多時間。下面是要如何去做的一些建議：

（1）先看書名頁，然後如果有序就先看序。要很快地看過去。特別注意副標題，或其他的相關說明或宗旨，或是作者寫作本書的特殊角度。在完成這個步驟前，你對這本書的主題已經有概念了。如果你願意，你會暫停一下，在你腦海中將這本書歸類為某個特定的類型，而在那個類型中已經有哪些書。

（2）研究目錄頁，對這本書的基本架構作概括性的理解。這就像是在出發旅行之前，要先看一下地圖一樣。令人驚訝的是，很多人除非是真的要用到那本書，否則根本不會看目錄一眼。事實上，許多作者花了很多時間來製作目錄，想到這些努力往往都浪費了，不免讓人傷心。

通常，一本書，特別是一些論說性的書都會有目錄，但是有時候小說或詩集也會寫上一整頁的綱要目錄，分卷分章之後再加許多小節的副標，以說明題旨。譬如寫作《失樂園》（Paradise Lost）的時候，彌爾頓（John Milton）為每一章都寫了很長的標題，或他稱為的「要旨」（argument）。吉朋（Edward Gibbon）出版的《羅馬帝國衰亡史》（Decline and Fall of the Roman Empire），為每一章都寫了很長的分析性綱要。目前，雖然偶爾你還是會看到一些分析性的綱要目錄，但已經不普遍了。這種現象衰退的原因是，一般人似乎不再想像以前一樣喜歡閱讀目錄綱要了。同時，比起一本目錄完全開誠布公的書，出版商也覺得越少揭露內容綱要，對讀者越有吸引力。至於閱讀者，他們覺得，一本書的章節標題有幾分神秘性會更有吸引力——他們會想要閱讀這本書，以發現那些章節到底寫了些什麼。雖然如此，目錄綱要還是很有價值的，在你開始閱讀整本書之前，你應該先仔細閱讀目錄才對。

談到這裡，如果你還沒看過本書的目錄頁，你可能會想要翻回去看一下了，我們盡可能地將目錄寫的完整又說明清楚。檢視一下這個目錄頁，你就會明白我們想要做的是什麼了。

（3）如果書中附有索引，也要檢閱一下——大多數論說類的書籍都會有索引。快速評估一下這本書涵蓋了哪些議題的範圍，以及所提到的書籍種類與作者等等。如果你發現列舉出來的哪一條詞彙很重要，至少要看依下引用到這個詞目的某幾頁內文。[5]（**艾德勒、范多倫，《如何閱讀一本書》**）

在這個練習上，如果文章太短就會變得非常難刪，所以這段選文稍微長一點點，大家可以拿起鉛筆輕輕地把覺得可以刪掉的地方做上記號。

通常上課給學生做集體練習的時候，不打分數的練習，就一定有學生乾脆隨便看看，想直接等我的說明解釋。不練習、直接等答案也許看起來

5. 艾德勒、范多倫《如何閱讀一本書》第三十五～三十六頁。（台灣商務，二〇一六年十二月）

是很快，不用花時間在那裡思考或承擔犯錯的風險，然而，許多學習方法雖然原則看起來十分簡單，真正讓學生練習時卻常發現以尋常文章做練習，學生就已經難以達到精確與細緻，文章一抽象，就連最基本的都做不到了。除此之外，學生更可能養成了嗷嗷待哺、自己沒有能力解決問題，總是等著別人給答案的習慣。我常跟學生說：「你覺得難是好事，不是因為你很差，而是你可以突破自我。如果所有事情對你來說都易如反掌，那麼只能說你從來沒有突破過自己，從來沒有進步過，在自己擅長的小圈圈裡面自娛娛人罷了。」

在這個練習裡面，刪去的程度會隨著閱讀目的的不同而不同，若今天只是想大概知道這篇內容跟什麼有關，那麼刪到剩下「閱讀習慣」也無不可。然而，今天的練習在於原文摘要的能力練習。「原文摘要」顧名思義就是用原文的文字來製作文章摘要，不能用自己的文字重述，而必須用刪節的方式，讓摘要出來的內容保留整篇文章的結構。

「原文摘要」是我在台灣唸書的時候學到的，當時台大哲學系老師的訓練嚴謹，每週都必須精讀超過百頁的文獻，且對文獻進行原文摘要、概念關係圖，以及文獻學術社群的重建。這樣的訓練我從來沒有在其他地方接受過，也幫我奠定了良好的精研文獻能力，至今我仍十分感謝這些在台灣努力教學的老師們。

以下提供大家我自己刪節的摘要版本，並加以解釋為什麼這樣做：

略讀的習慣應該用不著花太多時間。下面是要如何去做的一些建議：

（1）先看書名頁，然後如果有序就先看序。要很快地看過去。特別注意副標題，或其他的相關說明或宗旨，或是作者寫作本書的特殊角度。在完成這個步驟前，你對這本書的主題已經有概念了。如果你願意，你會暫停十下，在你腦海中將這本書歸類為某個特定的類型，而在那個類型中已經有哪些書。

（2）研究目錄頁，對這本書的基本架構作概括性的理解。這就像是在出發旅行之前，要先看一下地圖一樣。令人驚訝的是，很多人除非是真的要用到那本書，否則根本不會看目錄一眼。事實上，許多作者花了很多時間來製作目錄，想到這些努力往往都浪費了，不免讓人傷心。

通常，一本書，特別是一些論說性的書都會有目錄，但是有時候小說或詩集也會寫上一整頁的綱要目錄，分卷分章之後再加許多小節的副標以說明題旨。譬如寫作《失樂園》（Paradise Lost）的時候，彌爾頓（John Milton）為每一章都寫了很長的標題，或他稱為的「要旨」（argument）。吉朋（Edward Gibbon）出版的《羅馬帝國衰亡史》（Decline and Fall of the Roman Empire），為每一章都寫了很長的分析性綱要。目前，雖然偶爾你還是會看到一些分析性的綱要目錄，但已經不普遍了。這種現象衰退的原因是一般人似乎不再想像以前一樣喜歡閱讀目錄綱要了。同時，比起一本目錄完全開誠布公的書，出版商也覺得越少揭露內容綱要，對讀者越有吸引力。至於閱讀者，他們覺得，一本書的章節標題有幾分神秘性會更有吸引力——他們會想要閱讀這本書，以發現那些章節到底寫了些什麼。雖然如此，目錄綱要還是很有價值的。在你開始閱讀整本書之前，你應該先仔細閱讀目錄才對。

談到這裡，如果你還沒看過本書的目錄頁，你可能會想要翻回去看一下了。我們盡可能地將目錄寫的完整又說明清楚。檢視一下這個目錄頁，你就會明白我們想要做的是什麼了。

（3）如果書中附有索引——也要檢閱一下——大多數論說類的書籍都會有索引。快速評估一下這本書涵蓋了哪些議題的範圍，以及所提到的書籍種類與作者等等。如果你發現列舉出來的哪一條詞彙很重要，至少要看依下引用到這個詞目的某幾頁內文。（**艾德勒、范多倫，《如何閱讀一本書》**）

我想對這篇文章進行原文摘要並不難，但大家不要忘了，文章愈抽象愈複雜，這項工作就會愈令人頭痛。因此我在這裡跟大家說明一下摘要的原則：

1、想清楚閱讀目的，我們要針對的到底是文章內容，還是文章的形式或甚至寫法。以上我的摘要是針對文章內容擷取最重要的部分。

2、每一個段落，如果作者分段了，都會有一個相對獨立的重點。我們可以看到這裡段落的區分中，最大階層的區分已經用序號的方式呈現出來，也就是第一、第二、第三，所以這三段各自會有一個獨立的重點。

3、「例子」等同於重複上文。例子的意義在於把抽象的解釋放到具體的案例裡面，讓本來因為抽象而可能難以捉摸的對象在具體的例子裡面被突顯出來。我有時候看到好的例子會註記在摘要旁邊，確保自己之後閱讀的時候可以精準又快速地理解。

4、記得把「重點」跟「說明」一起摘進去！今天如果我把這篇內容刪到只剩：A書名、序；B目錄；C索引，這當然是非常非常精簡的摘要，但是這樣摘卻只能告訴我們作者想要我們做什麼，而不管作者為什麼認為這些東西重要。因此我把上面的摘要簡單整理會是如此：

略讀方法：

A、書名、序：說明宗旨，以便歸類；

B、目錄：對這本書的基本架構進行理解；

C、索引：評估這本書的議題範圍、相關書籍作者。

這樣一來，我不僅知道略讀的時候要讀這三樣，還知道為什麼要找這三項，找到之後可以分別得到什麼樣的訊息。

練習三：排排邏輯順序

其實平常一般的閱讀很少需要讀這麼仔細，但是任何分析閱讀如果沒有能力做到如此，就代表文章沒有讀通，腦袋中還太多模糊不清的地方。從最專業的邏輯訓練，一直到報章雜誌的閱讀都會牽涉到這項能力，只是大多數的時候，我們並不在意自己對文章內的邏輯結構到底有沒有精確掌握。然而，許多言論就是仗著大家對因果、邏輯關係模稜兩可，趁機偷渡一些訊息。

在我教書期間，台灣同性婚姻合法化的討論正巧碰上了法國剛合法化但仍持續有反對團體遊行抗議，有一次我心血來潮，到街上去詢問法國人們對同性婚姻的看法，其中一個大姊的言論讓我好幾年都在課堂上把它當作例子來說明言論上邏輯跳躍且暗渡陳倉的方式。這位大姊是這麼說的：

我反對同性婚姻，因為孩子很重要，孩子成長需要安全和保護，所以我反對同性婚姻。

言論裡面既然有「因為」、「所以」，那麼必然是藏了推論在裡面，而這個推論裡面有一句沒有講出來：

因為孩子很重要，孩子成長需要安全和保護，

而同性婚姻不能給孩子安全與保護，

所以我反對同性婚姻。

這個「因為」和「所以」要成立，裡面一定蘊含了中間這一句，但大多數的人講話不求精確，所以下意識地覺得「因為孩子很重要，需要安全和保護」「所以我反對同性婚姻」，講起來很順、很有道理。如果我們自己的思緒模糊不清，可能因為我們認同「孩子很重要，需要安全和保護」，就接受了這個邏輯上跳躍的「反對同性婚姻」的結論。真正把漏掉的那一句補上，疑問就跟著出現：「同性」跟「孩子的安全與保護」為什麼必然相悖？這兩

者之間真的有因果或任何邏輯關係嗎？

生活當中，邏輯演算也許毫無用武之地，然而事務之間錯綜複雜的蘊含關係，從最簡單的「貪嘴而承受吃撐的難受」、「貪杯明日頭痛」、「半夜追劇隔天起不來」，到「埋首工作蘊含著休閒、人際交流、建設人脈的時間就會萎縮，既然無法全部兼得，那要如何分配」這類生涯決定，每一個例子都突顯了事務之間有特定的秩序和道理，有時兩兩相成、有時兩兩相減、有時甚至兩兩相悖不可兼得。認知邏輯關係的重要性不在於學邏輯演算或者邏輯符號的意義與推演，而在於從錯綜複雜的元素當中找出梳理的秩序。

將混沌一片的內容，依照各個元素之間的關係整理成有秩序的網絡是終生都精進不完的課題，但這個能力卻可以從簡單的練習開始訓練。記得小時候常常有各種連連看、排排看的練習，每個都在促進孩子**歸類**、**排序**的基本能力，只不過給孩子們的練習都在於很粗淺、粗略的配對或排序訓練。從我出國以來，除了第二外語的法語，還先後學了許多其他外語，在很多練習教科書裡面也時常會出現一些練習，要求學習者對一群句子進行排序，以此來練習對於因果詞彙的運用。

當我反思自己的學習過程，覺得自己的大腦在學習不同事物的時候，基本上都在進行同樣的操作：**分類、歸類、排序、組合**，追根究柢的操作原則都很類似，只是能力愈進步，能夠分析得愈來愈細緻，能處理對象的複雜程度也愈來愈高、愈來愈抽象。所以我設計給學生們的練習就是一群句子的邏輯排序，用這種練習來要求學生仔細思考每個句子的每個元素之間有什麼樣的關係，為什麼哪一句在邏輯上一定會在另一句前面。

剛到法國的時候，我去上了一門學術法文寫作，老師曾說：「閱讀分析覺得難，等到自己從讀者變成了作者的時候，反而就領悟了怎麼讀跟怎麼寫，根本是同一個道理。」在寫作的時候，為了鋪陳或者其他敘事目的，作者時常會先寫結論再進行推論解釋，甚至有時候推論的前提到了最後才會特別翻出來講清楚。因此造成了閱讀文字上的順序，會跟邏輯上的排序不同，不能把書寫內容的先後順序直接當作邏輯上的前後推論順序，這也是為什麼需要有自己重建文本邏輯的能力。

在這裡用沙特《存在與虛無》裡面的一小段來做練習：

說謊是一種否定的態度，大家會同意這種說法。但是這種否定不是關於意識本身的，它只針對超越的東西。事實上，說謊的本質在於：說謊者完全了解他所掩蓋的實情。人們不會拿他們不了解的事情來說謊，當人們散布自己也受其騙的謬見時，他們沒有說謊，當人被欺騙時，他沒有說謊。因此，說謊者的典型是一種犬儒主義的意識，他在自身中肯定實情，而在說話時又否認實情，並且否認自己否認實情。然而，這雙重的否定態度針對的是超越的對象：被謊言陳述的事實超越，因為這個事實並不存在，因此第一重否定在於否定一個特定的實情，也就是說針對的超越物是一個特定類型的對象。至於我為自己的否定（否定我否定實情），內心其實肯定這個實情，則跟語言有關，也就是世界上的一個事件。[6]（**沙特，《存在與虛無》**）

這短短一段關於說謊的文字看起來非常豐富，也有點複雜。這個練習的第一步，要請大家將整段文字按照內容的完整性來進行**分段**。換句話說，句點不但表示句子自成一段，如果句子前後講的是同一個對象，就可以被分在同一段，方便進行分析。

練習3-1 對文章句子進行分段（大家可以用鉛筆輕輕在分段處做上記號）

分段的目的是將要排序的內容進行縮減，把已經可以合併處理的先合併、確定會分開的先分開。因此，進行分段的時候要注意的是前後句講的內容：1、是否重複；2、是否只是邏輯上的正反面；3、是否引進了新的元素。當遇到1和2的狀況時，句子就可以歸到同一個段；反之，當遇到3的狀況時，就可以很確定把前後分成不同段。

6. 作者自行從法文版本翻譯，讀者可參考陳宣良、杜小真譯本，《存在與虛無》第一卷第二章第一節〈自欺和說謊〉第七十五頁。（左岸，二〇一二年七月）

以下分享我自己的分段方式：

（a）說謊是一種否定的態度，大家會同意這種說法。

（b）但是這種否定不是關於意識本身的，而是只針對超越的東西。

（c）事實上，說謊的本質在於：說謊者完全了解他所掩蓋的實情。人們不會拿他們不了解的事情來說謊，當人們散布自己也受其騙的謬見時，他們沒有說謊，當人們被欺騙時，他們沒有說謊。

（d）因此，說謊者的典型是一種犬儒主義的意識，他在自身中肯定實情，而在說話時又否認實情，並且否認自己否認實情。

（e）然而，這雙重的否定態度針對的是超越的對象：被謊言陳述的事實超越，因為這個事實並不存在，因此第一重否定在於否定一個特定的實情，也就是說針對的超越物是一個特定類型的對象。至於我為自己的否定（否定我否定實情），內心其實肯定這個實情，則跟語言有關，也就是世界上的一個事件。（**沙特，《存在與虛無》**）

我將這段文字分為五個部分，沒有區分開來的部分不代表裡面只是同語重複，而是因為討論的對象相同，邏輯順序上也已經有連續性，所以擺在同一個格子裡。

第一個句子（a）很明顯自成一體，並不是因為它有一個句點，而是他對整段文字的主體下了一個簡單的定義：說謊是一種否定態度。而（a）和（b）之間被切成了兩段，除了文字中的「**但是**」給了我們「**異質性**」的暗示，也就是說當我們使用「但是」，意指前面講的內容案情不單純，後面講的會與前者有相異的地方，更是因為（b）提出了新的元素「意識」與「超越物」。

（c）句裡面大家可以觀察到，這是典型邏輯上一體兩面：「說謊的本質是掩蓋實情」、「不知情的狀況不是說謊」兩者雖然一個是正面肯定，一個是反面否定，講的卻是同一件事：「說謊者要知情才能掩蓋實情」。而（d）句必須跟（c）切割開來，除了「因此」兩個字指示了跟前面所講的有前因後果的關係之外，而既然前面不知道哪裡有一個是「因」而後面所言是「果」，代表講的對象必定不同。另外，（d）進一步提出了新的元素：「雙重否定」也顯現了它獨立於前句的狀態。

最後，也許讀者感到奇怪，為什麼我把這麼長一串都放在了同一段裡面。首先，（e）跟（d）分開，因為「然而」提醒了我們這個雙重否定不是否定同一個對象，所以前句講的「雙重否定」不夠精確清楚。再者，（e）的內部在肯定否定的對象為「超越物」之後，剩下的兩個句子在於補充這雙重否定到底各自為何，所以三句話講的都是同一個對象，只不過第一句說：「否定的對象是超越」，第二句說：「第一重否定的對象是實情」，第三句說：「第二重否定的對象是言語」。

練習3－2　排句子的邏輯順序

把文章分段標號之後，就可以對（a）、（b）、（c）、（d）、（e）進行邏輯先後的排序。這個工作並不簡單，加上沙特的這篇文章也許有些複雜，所以在練習之前先給大家看一個非常簡單的例子。稍早的例子裡，如果把因果連接詞與後句切開：

因為，（1）孩子很重要，成長需要安全和保護，

而，（2）同性婚姻不能給孩子安全與保護，

因此，（3）我反對同性婚姻。

在這個例子裡面，大家可以輕易發現句子之間的順序不可以互換，否則不只意義改變，甚至讓言論變得無法理解，比如說：

因為，（1）我反對同性婚姻，

而，（2）孩子很重要，成長需要安全和保護，

因此，（3）同性婚姻不能給孩子安全與保護。

這個順序讓整個論述的意義完全變了，讓說話者本身的立場變成整個言論的唯一依據，變成：因為我的立場如此，所以接下來我隨便找個原因來說服別人。

用這個誇張的例子，也許可以讓讀者比較能夠感覺到句子邏輯順序的重要性。我給學生做這個練習的時候花了大量的時間，陪著他們一句一句前後推敲。過程當中，我要他們不知所措的時候就先找一個順序試試看，檢查這個順序有沒有**後者無法從前者得來**，或**連續性上出現瑕疵**的情況。

大家可以試著各種順序讀讀看，為每個句子標上1到5的順序編號：

（　）（a）說謊是一種否定的態度，大家會同意這種說法。

（　）（b）但是這種否定不是關於意識本身的，而是只針對超越的東西。

（　）（c）事實上，說謊的本質在於：說謊者完全了解他所掩蓋的實情。人們不會拿他們不了解的事情來說謊，當人們散布自己也受其騙的謬見時，他們沒有說謊，當人們被欺騙時，他們沒有說謊。

（　）（d）因此，說謊者的典型是一種犬儒主義的意識，他在自身中肯定實情，而在說話時又否認實情，並且否認自己否認實情。

（ ）（e）然而，這雙重的否定態度針對的是超越的對象：被謊言陳述的事實超越，因為這個事實並不存在，因此第一重否定在於否定一個特定的實情，也就是說針對的超越物是一個特定類型的對象。至於我為自己的否定（否定我否定實情），內心其實肯定這個實情，則跟語言有關，也就是世界上的一個事件。

讓我們先試著檢查看看沙特書寫的順序，是否就能直接當作邏輯上的推論順序。如果（a）、（b）、（c）、（d）、（e）直接就是1、2、3、4、5的順序，其實看起來好像沒什麼問題。

（a）說謊是一種否定的態度，大家會同意這種說法。

（a）句的開頭沒有任何邏輯連接詞，沒有連接詞代表了一件事就是在這個段落裡面這個句子沒有前提，因此很符合作為第（1）句的條件。不過

（c）句看起來也符合這個條件，雖然以「事實上」開頭，但也沒有連接詞，看不出來哪一句一定要在它的前面才有意義。然而，我們可以發現（a）說「說謊是一種否定的態度」，就像說「紅色是一種顏色」只對大概的類型上作了界定。但（c）句卻直接點出「說謊的本質」。相比之下，（a）句的描述普遍，而（c）句的界定比較狹窄，就像「顏色」與「紅色」一般，紅色預設了作為一種顏色，就像「說謊的本質是掩蓋實情」預設了「說謊是一種否定態度」（否定實情），所以（a）一定會在（c）的前面，既然沒有其他句子能夠擺在（a）之前，那麼（a）就順理成章地可以劃上（1）。

看到這裡，各位該不會像我的學生一樣，已經搔頭抓腦，覺得腦袋快要過熱當機了？先給大家說個故事再繼續練習。當時給學生們做這個練習的時候，有一個自願來參加的老學生，他是個大約五十多歲的藝術家，下午一點跟著第二組課輔學生一起練習，兩個小時後，其他學生還有其他課所以一一離開，剩下第三個，就是這個令人頭痛的練習。

我跟他說如果累的話，就練習到這裡。

他回答：「我想要繼續把第三個做完，這些練習真的很有幫助，我第一次弄清楚自己為什麼都抓不到重點，讀不懂書。」因為他這句感人肺腑的話，我就在學校多陪了他兩個小時，把第三個練習做完。走出學校，天都快黑了，學生非常感恩，我雖然累得頭都昏了，卻很有成就感。許多人認為哲學或這些抽象的思想很依賴天分，有些人就是學不來。從我教書以來，每年有形形色色的學生湧進教室，我一直相信只要願意學習，有正確的指引和學習方法，每個人都有能力在抽象思考上有所進步，而每一年的教學也都不斷地印證了這一點。

我們接著練習，檢查哪個句子能夠讓我們標上（2）：

（b）但是這種否定不是關於意識本身的，而是針對超越的東西。

（b）句到底是不是邏輯上的第（2）句呢？我們發現這個句子裡面一對元素「意識」、「超越的東西」，但這一對元素並不是互補，也不能畫上等號，反而兩者之間相互否定：「不是……而是……」

（b）這句話的意思讀者可能不太清楚，它的意思是：「說謊否定的內容跟自己意識內的想法無關，也就是說謊者並不否定自己怎麼想，但卻是否定一個存在的實際情況，從而去肯定一個超越存在的情況。（說謊者創造出來的這個情況之所以是個超越物，因為儘管不存在，這個東西卻不是一片沒有內容的虛空。）

我們可以發現，後者這個「超越的東西」在（e）句當中再度出現，但是（c）、（d）當中都絲毫不提起，而前者「意識」更是沒有其他地方提到，讓這句話突然好似前不著村後不著店，浮在（a）和（c）之間。但如果我們把（b）調到（e）的前面，（b）句裡面上承「否定」繼續解釋，下接「超越的東西」讓（e）句進一步去說明為什麼超越。其他順序都不變的話，就有了以下順序：

（1）（a）說謊是一種否定的態度，大家會同意這種說法。

（2）（c）事實上，說謊的本質在於：說謊者完全了解他所掩蓋的實情。人們不會拿他們不了解的事情來說謊，當人們散布自己也被騙的謬見時，他們沒有說謊，當人們被欺騙時，他們沒有說謊。

（3）（d）因此，說謊者的典型是一種犬儒主義的意識，他在自身中肯定實情，而在說話時又否認實情，並且否認自己否認實情。

（4）（b）但是這種否定不是關於意識本身的，而是只針對超越的東西。

（5）（e）然而，這雙重的否定態度針對的是超越的對象：被謊言陳述的事實超越，因為這個事實並不存在，因此第一重否定在於否定一個特定的實情，也就是說針對的超越物是一個特定類型的對象。至於我為自己的否定（否定我否定實情），內心其實肯定這個實情，則跟語言有關，也就是世界上的一個事件。

我們可以發現這個順序下，（1）先說明說謊大概的類型（一種否定的態度），（2）接著點明說謊確切的本質是掩蓋實情，而要掩蓋實情蘊含著知情才能夠否定這個實情，（3）說謊者一來肯定實情，因為他知情，二來在說話時否認實情，三來否認自己否認實情，（4）但他否定的對象不是意識，也就是說，說謊者不是否定自己意識裡的內容，而是針對超越的東西。（5）謊言的否定態度針對的是超越對象，因為謊言陳述了一個不存在的「超」現實，針對某個特定實情否定（第一重否定）創造出一個超越現實的特定類型（比如說虛構的某個人、某個事件）；而說謊者否認自己否認實情的第二重否定，則是語言上的否定。

第三個練習本身已經考驗大家分析閱讀的能力了，但是簡單來講，也只是訓練學生多注意元素之間的邏輯關係，否則聽取訊息時因果顛倒、前提結論互換，不要說抓到重點，可能根本就只是誤解。

以上這些練習在我的教書生涯當中，只拿出來做過兩次，私底下受朋友請託又給一個預科學生做過一次練習，每一次都花超過三個小時的時間，結束的時候自己和可憐的學生都感到筋疲力盡。也是因為這個原因，我實在沒有勇氣和力氣每一年都拿出來跟學生練習。回想自己唸大學時，老師每週都嚴格要求學生閱讀、摘要、回答問題、分析，上課前讀完學生摘要作業，有的老師甚至在上課前還提供口頭一對一討論的時間，當時只覺得老師真嚴格，自己都快要淹沒在作業之中了！但是，當自己當了老師多年之後才知道，這些受益良多的嚴格訓練，對老師的工作來說負擔有多沉重，覺得十分慚愧。

5

講半天怎麼好像什麼都沒講？

——敘述與論述

某一年開學，我發現課堂裡有不少自己教過的學生，課程簡介的時候提到了「變動」，隨口問了舊學生：「誰記得柏拉圖怎麼談變動？」一個女孩舉起了手，說：「靈魂。」

「沒錯，他用靈魂來解釋變動，但為什麼靈魂可以解釋變動？我去年上課應該有說吧？」

「呃……靈魂是永生不死的，會飛、會轉世，有兩匹馬拉著跑，一匹跟隨理性、一匹是慾望，靈魂是變動的起源與原則。」

「嗯……雖然每一句話都不算錯，但這樣講，妳自己知道為什麼靈魂可以解釋變動嗎？」

「呃……我就只記得這些，為什麼可以解釋變動也不記得了。」

這一段十分神秘的描述出自柏拉圖《費德羅篇》，以下先摘錄給大家看，稍後再進一步解釋：

所有靈魂皆永生。所有永遠在運動狀態者皆永生。〔一物的運動〕若非是他引動其他物，就是他被其他物引發運動。然而，運動終止，就等同於生命的終止。因此，唯有自動者永遠不會〔在動態中〕對自己的動能有所失誤，並且，由於他永遠維持運動的狀態，他就是所有其他物的推動者，更因此是所有運動的源頭與原則。

原則非創生的產物。所有創生而來的事物都必然是從原則創生而來，而原則本身卻不從任何事物創生而來。若是原則本身要從其他事物創生而來，那麼其他事物就不會是從原則創生而來了。然而，由於原則並非創生物，因此它必然也不受衰敗影響。如果原則本身可能殞滅，那麼就沒有任何事物可能被創生出來。若前提「所有事物依其原則而出現」為真，那麼既不可能創生出從其他事物而來的原則，也不可能創生出從原則而來的事物。以上總結：自動者為所有運動的原則。然而，既然此物不會衰敗也不由創生而來，那麼沒有它，上天所有以致地上所有萬物都將傾頹、止息，而不可能再回到動態，被重新創生出來。這樣我們就證明了，自動者必然不朽，可以不客氣地說這就是靈魂的本然，是它的定義。因為所有物體，只要是從外被引發動作，都毫無生氣，而反之，所有由內自發的行動，都必然有生氣。若是如此，那麼自動者必然是靈魂，而靈魂必然非創生之物，且永垂不朽。

靈魂，我們可以將它比喻為由飛馬引領的寶車與車伕。在神的領域裡，馬兒和車伕的品質都是至善至美，但是，在我們這些創造物身上，馬兒和車伕都是混種。第一點，在人類身上，引車的是一對馬；第二點，這兩匹馬，其中一匹至美至善，完全聽從駕車者的指令，稟性純良，而另外一匹卻完全相反。這就是為什麼，對我們人類來說，要做這個掌管馬車的車伕必定困難且徒勞無功。[7]（**柏拉圖《費德羅篇》**）

7. 柏拉圖《費德羅篇》，孫有蓉譯本，第一九五～一九八頁。孫有蓉，論愛論美柏拉圖《費德羅篇》譯註。（商周，二〇一七年七月）

談靈魂的段落非常長，這裡只擷取了跟學生描述最有關係的段落，看完這落落長的靈魂之說，大家也許會和我學生一樣心裡十分納悶，這種看起來像神話一樣的文字怎麼會是哲學。神話與哲學之間的關係在柏拉圖身上非常地微妙，但這個問題留到稍後再來討論。

快速瀏覽過這段奇幻引文，大家會注意到剛剛學生所講的每一個句子都真的出現在《對話錄》裡面，這個學生講的每一句話應該都是對的，但整個句子說出來卻沒有人知道她到底在說什麼，或甚至不懂她到底想說什麼。這是個我時常在多數人身上注意到的現象，不只我自己的學生，從身邊親朋好友一直到各種媒體上的各式發言，常常有人講了落落長一大堆，卻讓人不解他到底想說什麼。

溝通的問題非常複雜，我們常常直覺地認為聽不懂一定是對方的問題，鮮少注意到自己的表達方式是否清楚。上課遇到這樣的狀況，我喜歡用問答的方式來確保溝通無誤，雖然我面對的往往是五十多位學生，但是學生的疑問通常大同小異，在一問一答、再問再答之間時常能夠督促其他學生一同檢視自己的認知與理解。

跟這位學生的對話之後，我把這篇柏拉圖《對話錄》的節選發下去給學生們讀：

「大家應該有發現剛剛同學說的其實都在文章裡面，是吧？」

「是。但是她講的我完全聽不懂，這個文章至少好像解釋了一些，但好難，看不懂。」

「為什麼她講的你們聽不懂，同樣的內容文章裡面就好像看懂了一些呢？剛剛那位同學，妳自己覺得呢？」

「我也覺得文章比較清楚。是不是因為我剛剛講的內容東一點、西一點，有點像在描述文章裡面關於靈魂部分的形容？」

「我們一起來分析看看好不好？我拿妳剛剛說的當例子，但我向妳保證，這不是要說妳程度很差，而是大家都有同樣的問題，大家一起解決。」

「好。」

「妳剛剛說：『靈魂是永生不死的，會飛、會轉世，有兩匹馬拉著跑，一匹跟隨理性、一匹是慾望，靈魂是變動的起源與原則』。我們可以注意到這個句子裡面所有的元素都依賴一個主詞，那個主詞是什麼？」

「靈魂。」

「那我們再看柏拉圖的文章裡面，他是怎麼寫的？先看第一段就好。」

所有靈魂皆永生。所有永遠在運動狀態者皆永生。（一物的運動）若非是他引動其他物，就是他被其他物引發運動。然而，運動終止，就等同於生命的終止。因此，唯有自動者永遠不會（在動態中）對自己的動能有所失誤，並且，由於他永遠維持運動的狀態，他就是所有其他物的推動者，更因此是所有運動的源頭與原則。[8]（**柏拉圖《費德羅篇》**）

「第一個句子的主詞是靈魂。但從第二個句子開始都不是在講靈魂。為什麼？」

「講完第一句話的時候，我們其實還不知道靈魂是什麼，所以也沒辦法推說靈魂到底跟運動有什麼關係。所以先分開，先把『運動』跟『生命』解釋在一起。」

「什麼叫做解釋在一起？」

「呃……我們可以發現任何看起來有生命的東西都在某種程度上會動，那永生的東西就永遠都能動？」

「不錯啊，妳有發現妳剛剛講的這個句子裡面已經開始有推論了：有生命代表能動，那永遠都有生命代表永遠都能動。推論很簡化，但仍是推論。接下來呢？第三句在討論什麼？」

「『〔一物的運動〕若非是他引動其他物，就是他被其他物引發運動。』呃……好像是說運動有兩種？一種主動一種被動。」

8. 柏拉圖《費德羅篇》，孫有蓉譯本，第一九五～一九六頁。孫有蓉，論愛論美柏拉圖《費德羅篇》譯註。（商周，二〇一七年七月）

「很好啊，接下來呢？」

「運動終止就等於生命終止。就是如果運動是生命的必要條件，那沒有運動就沒有生命了？」

「最後一句呢？」

「『唯有自動者永遠不會（在動態中）對自己的動能有所失誤』，自動者是什麼？」

「自己推動自己的那個東西。」

「因為自動者推動自己，所以他隨時可以啟動自己的運動……啊！所以自動者永遠不會死，他可以推動自己，也可以推動其他不能推動自己的東西。」

「舉個例子來聽聽。」

「我可以推動自己讓我的身體移動或說話，我也可以移動一張不能自己動的桌子，甚至可以透過桌子去移動一張自己不能動的椅子。」

「所以靈魂跟運動的關係？」

「所以靈魂就是自動者！因為靈魂是自動者，所以他是所有運動的源頭和原則。」

「如果再讓妳重新回答一次，柏拉圖怎麼解釋運動，妳會怎麼說？」

「運動只可能出現在兩種情況，一種是主動去推動別人，一種是被動被別人推動。如果是被別的東西推動，那推動的那個東西可能也是被其他東西推動。這樣下去，如果沒有一個主動推動的東西在，所有運動都不可能存在，所以柏拉圖認為在源頭有一個自動者，推動自己、推動別人。既然自動者可以自己推動自己，而有動才有生命，那自動者就是永生不死，因為它可以永遠啟動自己的運動，這個自動者柏拉圖叫做靈魂。」

「太讚了！我真的非常驕傲～～」

其實引文之後的對話都是我編的，在跟學生零零星星的對話當中，都有問出一些對話裡面的片段，但是這麼順暢地一句到尾、簡潔明瞭還是我尚未實現的夢想。

描述大概是我們生活當中最常用到的表述方式，描述自己經歷了一個什麼事件，聽到了什麼話，描述一部電影、一本書、一個人……大多的時候，我們很習慣先選定一個對象，然後針對這個對象丟出形容詞，這就是為什麼我們的說話方式常常不自覺就會跟以上對話的學生一開始的表達方式一樣。記得小時候家人常常一起看電影，看完之後，我父親就會要我們說出這個電影到底演了什麼？為什麼喜歡、為什麼不喜歡？為什麼覺得是好電影、為什麼覺得不好看？

小的時候最討厭這些問題，覺得電影看完就好了，幹嘛還要想這麼多！所以都會隨便回答：「好看啊，演一個將軍變成決鬥士，又緊張又刺激（說的大概是《神鬼戰士》。」長大了以後，在哲學的象牙塔裡面翻來滾去十多年，才發現這些細瑣煩人的訓練，卻是哲學思想中最為關鍵的思維能力——論述能力。

什麼叫做論述能力？

「老師，現代科學應該可以完全取代哲學吧？」

「請你論述一下你的觀點。」

「老師，哲學是一種生活態度。」

「請你論述一下。」

「老師，宗教和信仰都是人民的鴉片。」

「請你論述一下。」

「老師，虛擬實境可能比現實更真實。」

「還是請你論述一下。」

面對學生們五花八門的意見，哲學老師們最常回答的一句話就是請學生把他的意見轉換為論述，因為在哲學的領域裡面沒有什麼不可能的意見，但只有站不住腳的論證。

「論述能力」這個詞不知道從何時開始變成了流行用語。「年輕人缺乏論述能力」、「培養論述能力才有競爭力」、「某政黨缺乏政策論述能力」，網路上四處可見這四個字到處流竄，看起來應該是個很重要、很厲害、不可或缺的重要技能。不過「論述能力」究竟是什麼？我卻很少看到相關解釋與討論。

在法國教書，多數的時候都會假設學生們知道什麼叫做論述，畢竟這些孩子從國高中開始就被鼓勵把自己的意見用說理的方式來呈現給其他人。但有時候大概是太把這個觀念視為理所當然，反而沒有能力去思考，論述為什麼是一種有益身心成長的活動？

「論述」在一開始的時候，其實是用來把人類取信於人（或言論）的管道分成兩種：一是說理說服，二是感之以情。先從第二種說起，當我們看到

「動之以情」往往會直接聯想到「一哭二鬧三上吊」的場景，以為「情」就一定是情緒。然而古希臘人在區分這兩種認知管道的時候，「情」指的是所有有感而後動的反應，換句話說，當一個判斷內前後因果關係是由「感受」相連，那個我們的判斷就是建立對事物的印象而非認知之上。

舉例來說，「天空是藍色」，因為我感受到藍色，雖然無法解釋為什麼是藍色；或者「這書寫得真好」因為作者有名；抑或「這個人一定善良」因為長得斯文，諸如此類的判斷都屬於第二種管道的產物。而最大量使用這種方式遊說大家的不外乎是無所不在的廣告，每天告訴我們「美就是勤保養」、「一顆鑽戒讓人幸福恆久遠」、「什麼樣的飯菜香是家的味道」。

而論述，反過來指的就是在說服的過程裡面，每一個環節都必須以「理」相扣。但什麼叫做以「理」相扣的說服過程？

在哲學史上，最著名也最簡單易懂的非亞里斯多德的解釋莫屬。他注意到，所有以理論事的過程都在層層探問「為什麼？」，而我們能運用理性去回答這些「為什麼」，因為事物之間雖然盤根錯節，卻有規則可循，讓某些事物能作為解釋其他事物的「理由」或者「原因」。

「呃，老師，所以用一連串的理由把一堆句子串在一起，這樣就叫做論述了嗎？我也可以瞎掰啊，就像我四歲的小堂弟有時候會問我：『為什麼鳥會飛？』因為鳥有翅膀。『為什麼鳥有翅膀？』因為它有羽毛。『為什麼它有羽毛？』因為它會飛。這樣重複講個半小時都沒有問題。這樣也算論述嗎？」

「你認為羽毛真的可以用來解釋翅膀嗎？那，會飛的昆蟲是用什麼飛行？」

「嗯……妳的意思是一個理由如果沒辦法保證前後必然的連結，就不是個好理由？用爛理由串起來的論述，就是個假論述？」

「說得滿好的啊。如果被我們拿來當理由解釋的東西，沒辦法保證前提跟結論之間的連結，那怎麼能說他們『扣』在一起呢？」

這樣說明論述，看起來簡單可笑，但是實際上要自己琢磨一個論述卻沒這麼容易。「論述」之所以是個能力，而且還十分有用，正因為每一個論述最終有一個目的：檢視、證明一個論點（不管是向自己證明，還是向他人證明）。正因為論述的目的是要產出「結論」（肯定或否定一個論點），議論的過程就跟閒談有別。就像柏拉圖在《費德羅篇》當中所言：

孩子，要知道，在所有事情上，只要目標是要議論出個結果，那麼就一定有個起點：必須要知道你是為了什麼議論，不然必定全盤皆錯。然而，多數人都無視自己其實對各種事物都很無知，因此以為自己很懂，所以在一開始相互切磋的時候都不同意別人說的，但隨著討論進行，他們就開始放棄自己的「立場」：既不同意自己，相互之間也不認同。[9]（**柏拉圖《費德羅篇》**）

9. 柏拉圖《費德羅篇》，孫有蓉譯本，第一六九～一七〇頁。孫有蓉，論愛論美柏拉圖《費德羅篇》譯註。（商周，二〇一七年七月）

一個論述有頭有尾，聽起來再簡單不過。但為什麼論述有頭有尾？這個頭跟尾指的又是什麼？

在哲學討論裡，論述如何起頭、如何結尾有非常繁複的討論，在此只介紹論證普遍在哲學討論中使用的形式。對於柏拉圖來說，如果一個討論有結果，那麼它就一定要有一個有限制的起點，讓整個議論的過程不會無限展開。換句話說，議論要有「結論」，必須要有一個界定清楚的前題，否則談到最後，不僅大家互相不同意，甚至根本沒在討論同一件事卻不自知，更有可能講的觀點前後矛盾。

「老師，我們是哲學系的學生，早就知道論證要有前題有結論了，還要講這個喔？」

「那前題是什麼呢？」

「呃……論證的開頭。」

「論證的開頭是什麼？」

「呵呵……前題？」

「那你現在還覺得不需要繼續解釋前題和結論嗎？」

「還是解釋一下好了。」

論證有頭才有尾，有前題才可能有結論，因為從前題開始的所有內容都必須按照邏輯關係串連在一起。因此，在前題跟結論之間的所有過程，叫做「推論」。換句話說，從前題開始，所有內容都是從前題所蘊含的內容裡面一步一步推衍出來，直到證明成自己提出的論題就算是結論了。

大家應該可以發現，一個討論之所以能夠完結，因為整個討論觸及的範圍可以被界定清楚，在有限的範圍、限定的視角下，所有元素之間有特定的邏輯關係可以把它們排列出來。就像拼圖一樣，拼圖跟樂高不一樣，因為拼圖已經被製作者限定好圖像的視角和定位，否則永遠沒辦法拼出結果來。

「那論題是什麼？」

「最簡單的講法就是一個我們證明的肯定句或否定句。比如說，『愛是包容』、『美是一種主觀價值』、『哲學不是邏輯』……諸如此類，在一個討論主題之下，我們希望說服自己或別人的觀點。」

大家也許覺得還是有點抽象，剛好柏拉圖有一段對話錄就在於呈現「感之以情」和「說之以理」兩種言論的組織形式，可以當作練習。

在柏拉圖的《費德羅篇》。當中，一個叫做費德羅的年輕男子遇上了蘇格拉底，費德羅剛得到一篇文情並茂、專門吸引愛戀之人臣服於自己的言論，而蘇格拉底聽了，不動聲色地回敬了一篇內容幾乎相同、講述方式卻大相逕庭的言論。

費德羅手上這篇文情並茂的文章是這樣開頭的：

關於我的所思所為，我的意圖，你全然知曉。我思如我所言，列舉出這個問題的利弊對你我都有利。你不會拒絕我，因為我並不愛你。

對於那些有愛戀之情者，一旦慾望止息，他們便後悔沒做些本來能做且對自己有利的事情。相對來說，那些無愛無慾的人，就不存在這種時間前後的差別來作為醒悟的緣由。由於無愛者的行為並非為必然所迫，而出於自發的選擇，且為了自己的利益，盡其所能對自己為善。

再者，當愛戀者去對帳、清算那些對自己有損卻對愛人有益的行為，他將發現，自己不斷給自己增添苦差事，而本來為了報答愛人一顰一笑的人情債，也老早就因為他的差遣而兩清了。

相對地，對那些無愛戀之情者，他們既不會因此輕忽自己的利益，亦不必去細數自己為了抒解愛戀之情到底承受了多少苦楚，更不會到處指責與自己親近之人的不是。正由於這個原因，一旦將身邊四伏的有害無利之事加以清除以後，剩下的，除了做他們認為善的和自己喜好的事，沒有其他。[10]

（**柏拉圖《費德羅篇》**）

言論本身很長，這裡只節選了一小段讓大家一窺究竟。乍看之下，大家也會覺得這篇文章莫名其妙，裡面你我他都不知道指的是誰。這篇文章代表著古希臘思想進程裡面一個很獨特也很重要的職業：販賣修辭的人。古希臘社會發展到了蘇格拉底、柏拉圖身處的時代，社會中非常講究口才，不僅政治參與、法庭辯駁全都靠言論說服，在生活中更出現愛慕追求、討價還價，生意往來都需要花言巧語的遊說。因此，在這樣的環境下就出現了這些販賣修辭的人，專門為人訂做遊說特定人、特定場合、特定目的的華美說詞。費德羅這篇言論就是一名叫做呂西雅斯的販賣修辭者寫給想求愛的人、說給愛戀的人聽，以求一親芳澤。所以文章內的「我」，指的是想要求愛、正在進行遊說的人，「你」是說服的對象，也就是遊說者所愛之人，他則指的是其他追求者。

在此做個文章理解練習，大家在繼續看下去之前，可以試著問問自己這幾個問題：

一、這段話想要說服聽者相信什麼？

二、既然說服的目的是要聽者接納自己，為什麼要說自己對他無愛？

開頭第一句，遊說者便說「你會跟我在一起，正是因為我不愛你」。這話一出，大家聽得懵懵懂懂，不是求愛的文章嗎？怎麼沒有甜言蜜語，反而一劈頭就說自己不愛對方，毫無慾望呢？

接下來的話稍微明朗了一些。大致上就是換個方法重複說著：愛就是慾望，慾望一滿足愛就會消失，而大家慾望薰心的時候毫無理性，無法作出正

10. 柏拉圖《費德羅篇》，孫有蓉譯本，第一五〇～一五二頁。孫有蓉，論愛論美柏拉圖《費德羅篇》譯註。（商周，二〇一七年七月）

確判斷，所以跟愛自己的人在一起毫無益處。

我在法國上課講到這段文字的時候，有同學說：「老師，這種話誰會相信啊，有人會被這種言論說服跟別人在一起的嘛？」

另一個同學默默舉手說：「我完全認同這個言論……真的愛一個人就是很失去理性的行為啊，不管是情人還是朋友，每次太在乎別人，處處只為別人著想，到頭來做一堆對自己有害無益的事，別人還不買帳。我覺得就跟他說的一樣，根本不應該讓自己身陷感情的泥淖，還不如找個對自己學業和事業有幫助的人在一起，將來就算不合了分手，也各自不傷心。」

眾多本書內半虛構的對話中，這個對話真真實實在我課堂中出現過，想必是剛剛走過情傷，說得一臉任性。事實上，類似的言論在網路上十分常見，大家讀到此大概也發現了這篇言論的說服策略是什麼了。言論的目的是要自己追求的人接受自己，但與其跟其他追求者一起競爭，遊說者一開頭就說自己跟別人不一樣，啪的一聲把其他所有追求者都打成同一派。接著再說，那些追求者都只是被慾望蒙蔽了眼睛，沒有能力做出對你有利的事情，所以與其跟他們在一起，那還不如跟我這個不愛你、不受慾望控制的人在一起。

簡言之，這言論的說服重點就在於：愛戀者都是被慾望控制的人，沒有能力理性判斷什麼有利、什麼有害，所以跟這種人在一起只有壞處沒有好處，而只有跟不愛自己的人在一起才有利無害。

這篇言論在蘇格拉底眼裡就是篇動之以情的說服方式，並不是因為文章挑起情緒，而是因為言論的每一個環節都是靠著聽眾對某事物一個被動模糊的感覺和印象來連結在一起：愛跟慾望、慾望跟非理性、對自己好的跟對自己有利的，這些概念都在混水摸魚之間利用我們對這些詞彙的感覺而畫上等號。

在這樣的脈絡下，蘇格拉底展示了另一種組織言論來說服他人的方法。蘇格拉底的言論，跟第一篇一樣都旨在說服別人，因此都以遊說者作為第一人稱來對第二人稱的聽者講述，但這次蘇格拉底展示如何用論述的方式來組織同樣的內容：

我和你，不會像那些我們批評的人一樣重蹈覆轍，反之，當這句話降臨在我們面前，問你我：如果一定要選擇，是要選那個毫無愛戀之情的人，還是選愛戀自己的人？我們要先思考什麼是愛，而愛的效應又為何，在這上面界定出共識來。然後，將眼光鎖定在共識上，一邊向共識推進，同時檢視愛到底是利是弊。

愛是一種慾望，這點對所有人都十分明瞭。不過，無愛之人，同樣欲求美，這點你我都知道。倘若如此，區分愛與不愛是什麼呢？有一點需要關注，在我們每一個人身上，都有著兩種驅動力在引領我們，而此二者驅動我們往哪，我們就會往什麼方向發展。這兩種驅動力，一邊是我們天生俱來，那種對追求歡愉的慾望；一邊是後天習得，仰慕崇高。

這兩種驅動形式有時心有靈犀，有時分道揚鑣，彼此力量相互拉鋸，此起彼落。如果理性的意念較為強大，我們就會在它的統治與引領下，追尋卓越，我們稱此狀態為：節制。但若是非理性的慾望力量較強大，牽制、支配著我們一味朝愉悅追尋，我們稱這種支配為：縱慾。

然而，縱慾有著許多名字，由於其多分支、多成分。我們用它在人們身上彰顯出來的不同型態來給有此特質的人不同的稱號，而這些稱號通常都不怎麼好聽或體面。

〔比如說〕，如果對美食的慾望大過其他慾望，而且使得理性將美食當作追求卓越的對象，這就被稱作饕餮，而受此慾望牽制的人，就被稱為饕客。若換成酒癮，那些為酒癮控制的人，我們很清楚如何稱呼他們。其他慾望亦如是等等，〔追隨什麼享樂對象〕的慾望配有什麼樣的稱號，兩者如姐妹般如影隨形。我們清楚看到，每一次慾望展現不同專橫的面貌，就能以用不同名字稱呼它。

我以上所說的一切，是為了解釋哪一種慾望呢？剛剛的探討已經很明顯了，不過說出來總比沒說出來清楚：當排斥理性的慾望較壯盛，驅使人扭曲判斷、捏造意念，執意追求美好所引發的歡愉。在慾望的驅使下，我們將物質上的美好當作追求的對象，且不斷鞏固讓慾望的驅動力變得無可抵擋。從這種慾望彰顯出的縱欲型態，我們得以將它命名為：慾愛。〔……〕

「我勇敢的孩子，在剛剛這一番探究與界定，我們商議探討的對象這不就清楚了？接著還剩下一個問題要討論：就是跟愛戀者與無愛者交往，按理各自會有什麼利弊。

那些被慾望支配，為歡愉奴役的人，面對自己魂牽夢縈的對象必然只求一事：歡愉的最大化。而對這些病態的人來說，所有不違逆他的都討他歡心，然而所有與他平起平坐、甚至超越他的，他都備感敵意。

愛戀者既然無法承受他愛的人比他優異或跟他一樣好，那麼，對他所愛的男孩，他就會盡其所能打壓男孩，讓所愛之人永遠維持比他低下的狀態。然而，無知較智慧低，懦弱較勇敢卑，漫談較修辭下，反應遲鈍不比學思敏捷。按此邏輯，倘若在所愛之人心性上，不管是先天如此還是後天習得而來，都已經看出以上這些惡，那麼愛戀者不但樂見這些已經昭昭然之惡，更助長更多尚未彰顯的惡。若不想如此，那麼所愛之人就必須放棄眼下立即的歡愉。[11]（**柏拉圖《費德羅篇》**）

閱讀文章之後，同樣可以先做一些閱讀分析練習，再繼續看解析。以下幾個問題讓大家思考，也可以用前幾章分析文章的練習來細讀這篇文章：

11. 柏拉圖《費德羅篇》，孫有蓉譯本，第一七〇～一七六頁。孫有蓉，論愛論美柏拉圖《費德羅篇》譯註。（商周，二〇一七年七月）

一、這篇言論內容可以分成幾個部分？每個部分之間的關係為何？

二、文章如何證明跟愛戀者在一起有害？

仔細注意這兩篇言論，我們可以發現：

1、兩篇言論都要說服對方跟發言者交往（目的相同）。

2、兩篇言論的說服重點都在於：有愛戀之情者行事毫無理性（論點相同）。

3、兩篇言論的說服元素都包含：愛情使人不理性，不理性只會對自己造成傷害，讓自己付出不計得失，跟愛自己的人在一起只會得不償失（元素相同）。

不過，蘇格拉底這篇言論不同的是他一開頭把議論必要的順序和結構給攤了出來。

在第一段裡面我們可以注意到這句話：

我們要先思考什麼是愛，而愛的效應又為何，在這上面界定出共識來。然後，將眼光鎖定在共識上，一邊向共識推進，同時檢視愛到底是利是弊。

這段話裡面把整個討論分成了三個部分：

一、愛是什麼
二、愛的效應是什麼
三、愛到底是利是弊

在前二者上達成共識之後，最後才能決定愛到底是利是弊。

我們可以發現，論述一開始就說「愛是一種慾望」，在這點上達成共識，往後的所有討論內容就限縮在界定「哪一種慾望」。作為前題，這個命題決定了後面所有推衍內容，但它本身卻不是從其他內容可以推衍出來的。

「老師，那這樣前題如果是錯的，不就整個都錯了嗎？」

「所以哲學史上面很多哲學家常常在檢討別人論述裡面的前題，但如果不先假設某個前題為真，來檢驗可不可以融貫地推論出結果，一個討論就變成不著邊際、無限擴大，到最後大家既無法說對也無法說不對。接受一個前題，至少推論完之後可以檢查推論過程、檢討前題，再決定要不要推翻一個假說，不是嗎？」

學生們常常會因為「前題不需要證明」而覺得推論有漏洞，但其實只有前題擺出來之後，才能檢視整個論述是否有問題。

回到蘇格拉底的言論，既然說「愛是一種慾望」，那麼代表「不是所有慾望都是愛」，就如言論中所言：「無愛之人，同樣欲求美」。既然愛與不愛，都會有追求得到什麼的慾望，那麼接下來就要探討到底如何區分愛跟不愛這兩種狀態了。

蘇格拉底接著說，驅動人去求取的動力有兩種，換言之，慾望作為一種普遍的追求動力裡面其實有兩股力量：一股力量因為仰慕那些比自己好的特質，進而欲求進步；另一股力量被身體上的享受吸引，進而追求歡愉。簡單說，所有人身上都有這兩股驅動力：仰慕崇高、追求歡愉，兩股力量呈現出來的都是慾望的不同面貌。

既然慾望是由兩股不一樣的力量交織而成的，這兩股力量有時會互相衝突，互相支配。當理性仰慕崇高的力量支配身體追求歡愉的力量時，在這裡稱為「節制」；反之，當身體追求歡愉的驅動力占上風，控制理性仰慕崇高的驅動力時，這時的狀態稱作「縱慾」。

「老師，所以仰慕崇高就是節制？追求歡愉就是縱慾？」

「不是不是！仰慕崇高的力量大於追求歡愉的時候叫做節制，反之叫做縱慾。好比說，我仰慕歷史上這些哲學家的知識與智慧，這股仰慕的力量驅動我去花時間讀書、作研究。但同時我的身體也想偷懶，因為睡到自然醒是種享受。這時候如果我為了追求知識，而去克制自己想偷懶的慾望，那就叫做節制；相反地，如果是身體上的享受主導我，所以我一直偷懶，那這種狀態就叫做縱慾。」

學生學到這裡總是常常一片混亂，這例子一舉，還是清楚許多。

在界定了「節制」和「縱慾」之後，論述繼續推進，說「縱慾」有很多名字，我們可以發現命名的方式跟享受的來源有關，所以享受美食過度而成的縱慾叫做「饕餮」，那麼享受肉體之美的縱慾，就叫「愛」了。

「老師，他為什麼會把愛定義成一種縱慾啊。」

「不說愛是縱慾，怎麼推論出跟愛戀者在一起有害呢？」

「所以柏拉圖不這麼想？」

「不這麼想。」

「那就好，不然我都不想讀了。」

直到這裡，「愛是什麼」的問題已經推論出來了。愛，是針對肉體之美享樂的縱慾，換句話說，愛就是一種非理性追求享受肉體之美的衝動。

簡單把這個部分的論述結構列出來：

A、愛是一種慾望；

B、慾望是驅動我們追求某物的力量，而每個人身上都有兩種驅動力：仰慕崇高、追求享樂。

C、當非理性慾望控制理性仰慕時稱作縱慾，反之稱作節制；

D、縱慾的類型由慾望的對象來界定；

E、以享受肉體之美為追求的縱慾稱為愛。

我們可以注意到，每一段使用的詞彙幾乎一個扣著一個，愛是慾望，慾望是兩股驅動力，兩股驅動力依照相互支配的狀態各自稱為「節制」與「縱慾」，縱慾的種類由其對象來界定，而針對肉體之美的縱慾稱為愛。

這個論述的觀點本身也許我們不認同，但是論證的過程卻幾乎是哲學教科書的論證程度。

既然第一部分的論述分析出來了，大家不妨試試看自己分析第二部分的論述過程，我給大家開頭和結尾的提示。以下是第二部分的整個過程：

那些被慾望支配，為歡愉奴役的人，面對自己魂牽夢縈的對象必然只求一事：歡愉的最大化。而對這些病態的人來說，所有不違逆他的都討他歡心，然而所有與他平起平坐、甚至超越他的，他都備感敵意。

愛戀者既然無法承受他愛的人比他優異或跟他一樣好，那麼，對他所愛的男孩，他就會盡其所能打壓男孩，讓所愛之人永遠維持比他低下的狀態。然而，無知較智慧低，懦弱較勇敢卑，漫談較修辭下，反應遲鈍不比學思敏捷。按此邏輯，倘若在所愛之人心性上，不管是先天如此還是後天習得而來，都已經看出以上這些惡，那麼愛戀者不但樂見這些已經昭昭然之惡，更助長更多尚未彰顯的惡。若不想如此，那麼所愛之人就必須放棄眼下立即的歡愉。

論述分析練習

A、愛是對肉體之美的縱慾

B、縱慾是＿＿＿＿＿＿＿＿＿＿＿＿＿＿＿＿

C、＿＿＿＿＿＿＿＿＿＿＿＿＿＿＿＿＿＿＿＿

D、有愛之人（愛的縱慾者）因此會竭盡所能，讓交往對象維持低劣的狀態。

愛既然被定義為一種對肉體之美的縱慾，那麼愛在一個人的身上所展現出來的效應，就會是對特定事物的縱慾行為。根據第一部分的推論，縱慾指的是追求歡愉的力量壓制理性仰慕崇高的力量的時候，既然縱慾的狀態下會讓人毫無節制地追求歡愉，那麼縱慾的人就會追求「歡愉最大化」，換句話說，最大程度享受欲求的對象。

「歡愉最大化」的這個目的確定清楚之後，就只剩下界定「手段」。而任何讓縱慾者覺得不舒服的都會妨礙這個目的，因此他也會用各種手段來避免這些妨礙。既然這些讓縱慾者可以享樂的對象都只是達成目的的手段，那麼手段本身如果比使用手段的人高等，或甚至同等，那麼它就不能良好地盡到手段的用途。如果它不能盡到手段的用途，那麼它就不能被用來取得最大化的歡愉，縱慾者自然就會選擇其他對象。

在這樣的邏輯下，愛戀者因此會阻止自己所愛的人變得比自己在各方面高等，不然他就無法享受最大的歡愉，所以被愛的人將永遠處於低劣的狀態。

這個推論的步驟，簡單可以分析為：

A、如果愛是對肉體之美的縱慾。

B、縱慾讓人追求「歡愉最大化」。

C、所有讓縱慾者感到低劣的都無法讓歡愉最大化。

D、有愛之人（愛的縱慾者）因此會竭盡所能，讓交往對象維持低劣的狀態。

推論到這裡，我們就可以回答整個討論想回答的問題：跟愛戀者在一起有利還有害？就此結論，跟愛戀者在一起有害無益，所以要跟無愛者交往。

同樣的內容，同樣的論點，同樣的元素，同樣的結論，這篇蘇格拉底的言論依靠的是一個一個概念推衍的論證過程來講述一個立場，從取得前題上的共識開始，中間一環一環地推論，直到結論，整個論述過程的任何元素和順序不能隨意更換。

論述說起來十分簡單，寫出一個好的論述卻需要循序漸進的訓練。在哲學教育當中，通常非常注重論述能力的培養，因為哲學研究的立論過程，不同於其他學科，哲學論證並不依賴經驗觀察、事實證明、訪談數據等等，因此整個學術研究的評判和說服基礎就在於論述的有效性與嚴謹程度。雖然哲學史上有少數哲學家，例如柏拉圖或尼采，並不完全以論述的方式寫作，但在哲學教育的過程當中，論述卻是所有哲學研究所需的能力當中，不可或缺且可以透過訓練培養的能力。

雖然哲學是最需要論述能力的領域，當代社會各行各業、政治參與、人格發展卻愈來愈需要適度的論述能力來表達自己的訴求：從公司會議報告，到政策選擇和政治支持，甚至是個人看法的表達，基本的論述能力都讓自我表達更清晰明確。

以上對於論述能力的討論，可以簡單摘要出幾個重點：

一、先界定論述對象（例如，討論愛先界定是什麼意義下的愛；討論教育先界定是什麼意義下的教育：體制教育、家庭教育、高等教育……等等。）

二、思考論述最終要回答的問題為何？（例如，跟愛戀自己的人在一起好還是壞？體制教育應該由市場決定學費還是政府統一規定？）

三、論述要捍衛的論題為何？（例如，愛戀者處於非理性的狀態，判斷失度，因此跟這樣的人在一起有害；體制教育是國家用來培育社會健全發展的管道，若讓市場決定則會讓某些對社會很重要、對經濟卻相對不重要的領域萎縮。）

在哲學教育上，法國普遍的傳統是鼓勵高中生勇於發表自己的意見，論述上的要求很低。但從大學開始，論述能力就變成哲學教育方法論上的關鍵。由於論述能力不可能一步登天，光靠講解就可以訓練，因此老師們通常訓練學生的第一步是要求學生們把別人已經寫好的論述重建出來，把哲學文章當中的前題、推論過程、結論，一步一步地分析出來。這樣的練習在一開始顯得刁鑽枯燥，卻最能夠訓練大家分析、邏輯、論述鋪陳的能力。本章到此先解釋論述的主要形式，最後一章討論論說文如何撰寫的時候，再來琢磨論述內容怎麼寫。

6

這妙麗到底在問什麼？

——問對問題才能找到答案

我在法國教書的四年當中，同事間最常分享的大概就是學生們讓人摸不著頭緒的問題，而老師也需要發揮想像能力去設想學生的各種狀況，才能夠猜出學生們想問的問題到底是什麼。有的時候會遇到提問踴躍的學生，但連珠砲般的問題卻讓我答也不是，不答也不是。最令我哭笑不得的一次，是課堂上講到康德純粹理性批判的時候，學生問：

「老師，康德說物自身不可知，所以跟笛卡兒一樣，除了我以外的世界都不存在？」

「笛卡兒沒有說除了我以外的世界都不存在喔。」

「他說感官經驗可以被懷疑，所以不能證明外在世界存在啊。」

「不能證明存在，不代表證明它不存在吧？」

「所以康德說只能認識現象，不就跟笛卡兒自相矛盾？」

「你剛剛不是才說康德跟笛卡兒一樣，怎麼現在變成自相矛盾了？」

「所以康德是經驗主義者嗎？他說我們只能認識現象。」

「只能認識現象一定是經驗主義者嗎？」

「對啊，現象不就是透過經驗才認識到的嗎？現象學不也是經驗主義嗎？研究意識，不就是認知科學嗎？現象，可以觀測才叫做現象吧？」

「在感知裡面再現的內容叫做現象沒錯，但現象跟經驗是兩個不同的概念。」

「不太一樣，但兩個有關聯啊，老師我懂了。」

「不～～～～～你什麼都沒弄懂啊～～～～～」（老師內心吶喊）

像這樣的問答大概是所有老師們都經歷過，而且感覺最無力的狀況。因為問答之間，學生的問題太過雜亂和發散，導致某些內容是對的，但整個問題本身卻讓對話雞同鴨講，導致最後老師們能回答的內容也變得廣泛、抽象。在課堂中，就如同在日常生活裡，有時候明明面對有能力回答自己需求的專家，往往只得到雞毛蒜皮的回答，很有可能是因為問題問得讓人摸不著頭緒，導致對方的答案也是模稜兩可、模糊不清。

我們常常認為提問是一件十分容易且不是很重要的事情。成長的過程中，找對答案才是最重要的事，提問只突顯自己的短處，因此多數時候，大家不是滿肚子疑惑卻死不肯開口問問題，或者提了一堆問題，卻因為問題太模糊、太廣泛，而讓人聽不懂真正的疑問是什麼。「提問」是整個哲學活動中非常關鍵的開端，因為提問讓思想突破成見和習慣，讓提問者質疑習以為常的觀點，進而刺激新觀點的產生。在哲學史上，每個哲學家的好答案都會在最短的時間內被後人挑戰甚至駁斥，但一個好問題卻能夠開創出一整個哲學世代，因而永垂不朽。然而，提問的能力絕對不限於哲學活動，知道怎麼問問題，不僅是找到好答案的關鍵，更是有效學習、溝通、腦力激盪、解決問題中不可或缺的能力。

在以上跟學生的這段問答之中，我們也許可以發現，學生問問題的動機在於確認他的理解是否正確，因此所有問題都是以「是」、「否」形態呈現。這樣的提問方式完全將問答之間的動態局限在「是」與「否」之間，較為複雜，使得答案模稜兩可的面向就會被壓縮甚至忽略。讓我們來看一下康德關於這段問答的文獻，並且思考看看如何提問可以幫助理解：

所以，一個在我之外的現實對象︹如果該詞從質性的意義上來理解的話︺[12]的存有從來不是在知覺中被直接給予的，相反地，它只是相對於那個︹呈現︺它感知存在，而︹這個感知本身︺就是一種修改了。因此，笛卡兒非常有道理地將所有最嚴格意義下的感知限制為「我在」︹作為思維主體︺這個命題。因為，既然外在的事物不在我之中，很顯然地，我無法在我的統覺當中接觸到它，因此，作為對統覺的裁定，在感知中也無法︹接觸到外在事物︺。所以，沒有人可能感知嚴格意義下的外在事物，而反之，我只能夠，透過將感知視為一種效應，而外在的事物則是引發此︹效應︺最接近的原因，從而由我內在的感知推理出它們的存在。然而，這一個給定的效應來推論出一個確切的原因總是不準確，因為一個效應可能由不只一個原因引發。因此在知覺與其原因的關係當中，有一點仍然可疑：這個原因到底在內部？還是外部？也可能一切所謂的感官知覺其實單純只是我們感官內在的遊戲，還是感官知覺真的和外在對象因果相連？這些對象的存在僅僅是推論的結果，這樣一來，後者就冒著所有推論﹝都是錯﹞的風險，然而反過來說，內在感官的對象是立即被感知到的，而它﹝表徵﹞的存在絲毫不能被懷疑。

因此我們不要把一個觀念論者理解為那種否定感觀之外對象存有之人，而要認為，他只是不承認這種存有是通過立即的感知而認識到的，因此推斷沒有任何經驗能讓我們完全確定外在事物的存在。

在呈現我們的謬誤推理誤人的表象之前，我必須首先點出區分兩種觀念論的必要：超驗觀念論與經驗觀念論。所謂超驗觀念論，我理解的是將所有現象視為單純的表徵，而非物自身，因此這個理論將時間與空間當作我們直觀的感知形式，而非給定的規則或被視作物自身客體的條件。這種觀念論與

12. 括號當中的字詞不在原德文當中，為了中文的清晰和順暢而加上補述。

一種超驗實在論相互對立，後者視時間與空間為某種（獨立於我們的感知）被給予的東西。[13]（**康德，《純粹理性批判》／對超驗心理學第四個謬誤推理的批判**）

這一段文字濃縮了純粹理性批判整個思想架構的起點，因此並不是非常容易讀懂，讓我們一邊思考如何透過一系列提問來增進理解、尋求解決辦法，一邊分析這篇哲學史上著名難讀的經典節選。

看完這段文字，就如同看到任何內容一樣，試探自己是否真正充分理解內容的方法就是對自己提問，並且一邊提問，一邊試著用各種角度來質疑自己的問題。在提問的時候可以先思考以下幾點：

1、看完之後，最快速讓我們產生疑惑的東西是什麼？

2、為什麼是對這些東西產生疑惑？

比如說，在我和學生一起研讀這段文章的時候，學生們常常第一個問題就是：「老師，這到底在講什麼啊？」

這樣的問題其實並沒有「問」特定什麼，既然問題是一個全面性的提問，面對這樣的問題，就變得回答什麼都可以，但也都不可以。面對這樣的情況，我時常會請學生思考為什麼是對整個內容產生疑惑，答案通常十分簡單：「內容很複雜，講了很多專有詞彙，看不出來前後關聯在哪裡？」

這是一個很簡單也很普遍的答覆，在哲學文本之外，生活中的很多情況也會有類似反應出現，但這個答覆卻可以幫助引導下一次的提問。大家不知道怎麼問問題，因為面對的情況太過複雜、看不出前後關聯，既然知道了提問的阻礙在哪裡，那麼我們就可以針對阻礙本身提問。比如說：**「前面講到笛卡兒的部分，跟後面一連串超驗實在論、超驗觀念論等等有什麼關聯？」**

13. 康德《純粹理性批判》，參考鄧曉芒譯本第三八〇～三八二頁重新翻譯。（聯經，二〇〇四年四月）

換句話說，如果後面一堆派別的解釋是重點，那麼前面為什麼要講笛卡兒？或者反過來說，如果跟笛卡兒哲學的相似處是重點，那後面一堆派別的區分目的為何？

這個問題雖然很廣，但相對明確，我們因此可以試著在文本內部找答案。在這個提問步驟裡面，透過質問自己最立即的疑惑本身，我們可以把糊成一團的思緒作簡單的切割，比如說「前後關聯」精確轉化為「提到笛卡兒的段落」和「分析學派區分的段落」。

在課堂研讀的時候，我教給學生的小秘訣是讓他們區分不同部分之間有哪些詞彙，或相似的概念重複出現在不同的段落之間。在這裡可以發現，當康德在兩個段落裡面一直不斷重複提到：「外於我的真實客體」與「感知」，更精確來說：「外於我的真實客體之存在不可能在立即的感知中顯現」，換句話說，立即的感知無法掌握在我思想之外任何事物的真實存在狀態。分析到這裡，並不足以回答兩個段落之間確切有什麼關聯，前後的邏輯關係又是什麼，但我們現在有了更多具體的對象可以繼續提問，讓這個叩問思想的活動繼續下去。比如說：**「為什麼這兩段都要講，感知無法掌握在我思想之外任何事物的真實存在？」**

透過這個問題，我們就可以把兩個段落分開來分析，分析的範圍縮小，複雜程度相對也跟著降低。再次檢視文本，不難發現在這段文字裡面談到笛卡兒的段落說明：「我的感知內容沒辦法證明外在於我的客體是否真的以這樣的狀態存在，但是我有這樣的感知內容本身卻不容懷疑。」換句話說，我不能確定當我看到一張黃色方形桌子的時候，那個東西是不是真的是黃色、真的是方形，還是因為燈光、錯覺等等看起來是那個樣子，但我感覺裡面呈現出這樣的內容這件事情卻是個不容質疑的事實。而在第二段裡面，區分一堆不同的觀念論之前，康德先說：「觀念論不是否定經驗，而是否定可以透過立即感官來認知外在對象」。分析到這裡，第一個問題已經可以回答一半了：「前面談笛卡兒跟後面談觀念論的段落有什麼關聯？」「觀念論只否定可以透過立即感知來認識外在對象，就如同笛卡兒不否定感官經驗，但否定我們可以直接透過感官經驗來認知外在對象。」換句話說，這裡稱為觀念論的思想，對康德來說並不認為感官經驗全部都是虛假、無法用來認識世界的媒介，但最立即的感官經驗不能夠作為認識事物的基礎。

提問到這裡，學生們通常會開始覺得有點收穫，卻十分不耐煩。

「老師，提問了半天，好像是稍微清楚了一點，但是講半天其實也就講了笛卡兒的部分而已啊。所以後面那些超驗觀念論和超驗實在論，到底在講什麼？」

「試著用問問題的方式把答案逼出來。」提問練習到這裡，大家應該也可以試試看，如何讓自己的提問愈來愈精確了吧？

「我的直覺反應就會想問這些什麼什麼論到底有什麼差別。但是如果要認真思考怎麼提問，好像應該問：**為什麼超驗觀念論和超驗實在論是兩個相互對立的觀點？**」

「不錯啊，那你會怎麼回答？」

「好像跟時間、空間到底是外在於我的絕對存在，或是內在於我的框架有關。」

「所以對立的點在於超驗觀念論認為時間和空間是內在的框架，超驗實在論認為時間跟空間是外在的絕對存在？這個內在跟外在是相對於什麼？」

「既然一直提觀念論，那就是相對於理性，超驗觀念論認為時間和空間是理性內在的形式，超驗實在論認為時間和空間是外在於理性的存在。」

問答到這個步驟，整個文本的理解幾乎是呼之欲出了，只缺最後一個關鍵的問題：**「康德為什麼要強調這個超驗觀念論和超驗實在論的對立？」**

問到這裡，就讓我來回答這個問題：如果時間和空間是外在於理性的絕對存在，那理性應該可以單獨構想沒有任何內容的時間與空間，但我們卻沒辦法做到這點。但如果時間和空間是理性內在的結構，形塑我們感官知覺內容的呈現方式，那我們認識到的世界，就是理性的這個框架已經重組之後的結果，而理性之外那個東西到底什麼模樣，理性不可能擺脫它自己的框架直接認識那些對象。在這樣的脈絡之下，康德才說出了「物自身不可知」，而我們的感官知覺都只是在理性的這個框架下面加工出來的現象而已。

這一連串的提問其實最後帶我們回到引導康德寫出整本第一批判的關鍵問題：**「我能認識什麼？」**一個簡單天真的問題，這個「能」字卻精確地點出了理性對認知本身有限制作用，讓某些事物落到了理性認識能力的範圍之外。一個這麼簡單的問題，開啟了以「人的限制」為起手式的現代哲學。

利用一篇艱澀哲學經典來練習提問能力，也許不足以讓大家立刻習得問出好問題的能力，但只要在各種機緣場合多加練習，並且注意兩點：

1、我為什麼要問這個問題？

2、這個問題為什麼是個問題？

我在準備課程內容的時候，時常花不少時間跟自己自問自答，尤其是上課的對象愈是新手，就愈需要確保自己不會習慣性地把一些行話當作理所當然的概念。老師們其實很怕剛入門或完全不是相同領域的學生，多數時候不是因為這些人很難教，反而是因為這些人問出來的問題常常出乎預料，非常考驗老師們自己對這些哲學思想的通透程度。在法國求學和教書的八個年頭裡，法國哲學訓練讓我學習到的正是這種藉著提問來活化思考的習慣與態度，因此我也一直用這樣的方法一邊監督自己，一邊訓練學生。

7

老師！問題意識什麼意思？

——論說文寫作的幾個重點

進入大學開始，有個謎樣的字眼開始不斷迴盪在我們的耳畔，這個詞好像某種讓我們取得什麼重要寶藏的咒語，每次不知道怎麼寫報告的時候，就會有學長姊在耳邊低語：「問題意識～」從我進入台灣哲學系的第一天開始，幾乎每天都會聽到「問題意識」這四個字，但問了半天，卻幾乎沒有人解釋清楚「問題意識」到底是什麼？寫報告或寫論文為什麼要有「問題意識」？或「問題意識」要怎麼找？怎麼組織？怎麼寫出來？

我在法國讀碩士開始就清楚地發現「問題意識」在法國哲學教育裡面的重要程度非比尋常，不但學生作業要求以「問題意識」來組織論說文的結構，老師們上課講究用「問題意識」來引導課程，所有學術發表都力求一個清楚的問題意識來組織整體研究內容。如果在台灣，「問題意識」在人文學科高等教育裡面耳熟能詳，那麼這個詞在法國整體社會言論幾乎到了遍地開花的程度。

儘管「問題意識」這個奇妙的詞彙幾乎在法國公眾討論裡面琅琅上口，

大多數的人其實頂多大概知道怎麼組織問題意識，卻不知道怎麼解釋到底什麼是問題意識。法國大學的哲學系每一個年級都有方法論的課程，專門訓練學生寫論說文，許多系所也普遍開設這類課程，訓練學生組織問題意識、撰寫論文的能力，因為法國的所有公務員考試，從國高中老師到政務官公職人員會考，所有考試清一色用論說文的形式出題。

本書第二章已經討論過為什麼法國社會如此重視論說文的訓練，經過一系列抽象能力的訓練之後，接下來要跟大家分析如何嚴謹地將自己對一個題目的見解，組織成一個完整的問題意識，並把自己的論點用文字呈現出來。也許大家會覺得自己不需要寫論文，問題意識到底是什麼東西跟自己的生活沒有太大關係，這章裡面會一邊分析法國哲學家傅柯的文章《何謂啟蒙？》，一邊探討傅柯本人如何「問題意識化」他的思想，可以當作哲學家思想側寫來閱讀。

問題、難題、問題意識

「老師，為什麼妳說我的作業沒有問題意識？問題意識不就是『正、反、合』嗎？我有寫一個肯定命題，一個否定命題，然後一個非肯定非否定的命題啊？」

「首先，正反合不是問題意識，而且你作業裡面寫『一個社會需要體制教育』，然後說『一個社會不需要體制教育』，最後寫『一個社會可能需要也可能不需要體制教育』，那不等於什麼都沒有說嗎？如果你問我『今天天氣如何？』然後我回答，『可能下雨也可能不下雨』，你覺得這有任何意義嗎？」

「但是以前老師教我們要寫正反合啊！」

「是，但老師應該沒有跟你說隨便拿個句子把它寫成肯定、否定、模稜兩可，就叫做正反合吧？」

「那到底怎麼寫？」

在法國教書的這四年，讓我發現自己喜歡教書這個工作，但每次到了改作業的時候卻常常氣得七竅生煙，或是哭笑不得。到了發作業、評論作業的時候，更常常要花大量時間應付不認真寫作業，卻死要分數的同學們。法國國高中教育裡，為了降低難度，常常會教學生用「正題」、「反題」、「合題」的方式來組織自己的問題意識，久而久之，沒有認真學的學生們就很容易誤以為只要把一個句子顛過來倒過去，來回寫三遍，就叫做問題意識了。

「問題意識」這個詞是從英文problematics、法文problématique翻譯而來。這個詞翻譯的瑕疵在於讓讀者容易把problem和question兩者混為一談，而多數翻譯也不會特別區分這兩個概念，因此我們常常含混地以為此「問題」及彼「問題」，problem和question差不多意思。但「問題意識」的組織，其實是一系列思辨工作的最後一環，要有問題意識，首先要先有「問題」（question），然後將問題轉換為「難題」（problem），最終才有「問題意識」這個步驟。

「老師，那問題跟難題要怎麼區分呢？」提到這兩個詞的時候，幾乎每次都會有學生立刻舉手問這個問題。

「針對問題，我們找的是答案，而一個難題卻鼓勵我們去尋找解決方案。」

「呃，老師，這個回答很模糊耶。」

「當我們問問題的時候，我們想要知道的是某些訊息，但不一定覺得問題本身有什麼不對勁的地方需要修理，對吧？」

「對。」

「如果今天我們面對的是一個難題，那這個狀態本身就意味著我們察覺到了某些前後不一致、不如預期、無法理解的地方，需要找一個方法來解決，不是嗎？」

「就這樣嗎？感覺還是差不多啊。」

「如果你今天是問『時鐘為什麼會動？』這個問題本身應該沒有任何解決方案需要尋找的吧？但如果你問的是『電池有電，為什麼時鐘不會動了？』這個問題本身提供了一個難題需要解決，然後我們就可以開始思考這個難題可能牽涉到哪些問題：有沒有被摔過？電池是否接觸不良？零件是否有缺少？最後一一檢視完後，理論上就可以找到解決方法。」

「好像有清楚一點點。那問題意識又是什麼？」

「我們思考，是因為想思考出針對某些問題的答案對吧？像是，為什麼要受教育？真理是否存在？甚至，到底怎麼樣算是朋友？」

「是啊，但是這又回到剛剛問題跟難題的差異了耶。」

「有耐心一點，我還沒講完。思考的動力是提問，但提問之後如果立刻就有正確答案，那就不用思考了對吧？既然有些提問沒辦法立刻有答案，那如果想有個自己的答案，就得繼續追問，用一連串的問題來把核心問題給拆解成一系列的問題。但如果我們只是把一個問題變成十個問題，那也沒什麼建設性，所以再下來就要透過把這一連串的問題轉換成一個難題，讓本來無限開展的提問，變成有一個方向和目的地，讓我們找到解決方法走到終點。」

通常講到這裡同學們都會覺得有些複雜抽象，沒有具體例子是有點難理解。我在法國的休閒運動就是去室內攀岩，一整面牆上有花花綠綠的岩點，而問題就像我們選擇了一面岩牆一樣，可能牽涉出來的討論雖然不是無限多，但也是足以讓滿地概念撒得到處都是。室內攀岩為了訓練，都會設計路線，限制爬的人只能使用特定的岩點，選擇一條路線就如同把整面牆的問題轉化成一個需要找到解決方案的難題，而這個難題牽涉到一系列的問題，就如同一組各自在不同位置的岩點一樣，而爬的人要負責找到解決方案，從起點走到終點。一條路線，就形塑出了一個難題，但路線本身卻不限制每個人解決難題的方法，而爬的人可以自己決定每個岩點之間的先後順序和手腳關係，最後找出自己理解難題的方式，爬出自己的問題意識。

拿攀岩當作例子，除了是自己的興趣，更是因為在法文裡「攀岩」的術語就是這樣命名，一個路線就是一個難題，大家各自想方設法去解決。

讓我們搭配康德和傅柯的《何謂啟蒙？》來作為範例，分析「問題」、「難題」跟「問題意識」的區別。

在讀康德和傅柯之前，先稍微簡介一下這兩篇文章。一七八三年，《柏林月刊》裡面一位牧師在他的文章內批評知識分子以啟蒙之名惑亂社會良知，並說道：「何謂啟蒙？這個問題就像『何謂真理？』一樣重要，在有人開始啟蒙之前，誠然應當加以答覆。然而我從未發現有人提出答覆。[14]」他的這句話很快引出了一連串針對「啟蒙」的討論，許多知識分子都在期刊雜誌上紛紛發表了自己的論點。一七八四年十二月，康德發表了他著名的這篇文章：「答『何謂啟蒙？』」在這篇文章問世兩百年之後，法國哲學家傅柯針對康德的這篇文章發表了一篇同名短文《何謂啟蒙？》。

《何謂啟蒙？》這個標題響噹噹地抛出了一個非常傳統「蘇格拉底式」的問題。而針對這個「問題」，康德這麼回答：

啟蒙是人超脫他自己所招致的不成熟狀態。不成熟狀態指的是無他人指導就無法使用自己理智的那種無能。如果不成熟狀態的原因不在於缺乏理智，而在於缺乏不靠他人指導去使用理智的決心與勇氣，這種未成年狀態便是自己招致而成。勇於求知吧（Sapere aude）！因此鼓起勇氣去使用自己的理智吧！這便是啟蒙的格言。[15]（**康德，答《何謂啟蒙？》**）

針對這個問題，每個人可以有各式各樣的答案，而康德的答案在文章第一句就直接丟出來了：**「啟蒙是人超脫他自己所招致的不成熟狀態。」**在康德的這段文字裡面，我們可以發現，「不成熟狀態」既然有「自己所招致而成的」，就代表可能有其他原因也會導致不成熟狀態，比如說生理條件所導致的「未成年狀態」，而這些由外在原因所導致的未成年狀態，就不在啟蒙

14. 康德歷史哲學論文集，第二十五頁。（增訂版，聯經，二〇一三年六月）
15. 康德歷史哲學論文集，第二十七頁。（增訂版，聯經，二〇一三年六月）

的討論之中了。對於康德來說，人會導致自己的不成熟狀態，因為比起用自己的理智思考判斷所有事情，依賴社會給予的既有價值判斷、依賴父母給予的意見、依賴占星、卜卦、網紅提供的判斷，十分簡單，因此在開始討論其他細節之前，啟蒙的關鍵就在於：「勇於獨立思考！」

如果哲學就只是簡簡單單地這樣回答一個問題，那這世上大家出口成哲學，意見即真理。這短短一個段落裡面，沒有論述，沒有問題意識，更沒有任何論證，如果康德只寫了第一段，那麼這篇文章大概只能跟所有個人意見一樣在各種流言中浮沉，不會成為什麼經典。我們接下來看傅柯如何理解康德這篇文章的珍貴之處：

此外，康德的這篇文章在其自身和基督教傳統內部，提出了一個新的難題。

這（篇文章）並不是有史以來哲學思想第一次思考思想本身所處的現

下，而從前一直到現下的這類思考可以分成三種主要形式：

●我們可以把（自己的）現下視為世界上某個時期，有鑑於某些特點跟其他時期有所不同，或者因為某個戲劇性的事件而跟其他時期區分開來。〔……〕

●我們也可以探問我們的現下，以便在這個現下裡面識別出之後發生事件的先兆。〔……〕

●還可以把現下分析為走向新世界黎明的一個轉折點。〔……〕

然而，康德提出「啟蒙」這個問題的方式完全不一樣：既不是一個人們所屬的時代，也不是一個我們可以從中得到先兆的事件，更沒有完結的黎明。康德幾乎完全用消極的方式來定義啟蒙，稱之為**Ausgang**，即「出口」、「出路」。在其他一些作品中，康德提出一些關於起始點，或者用內在目的性來定義歷史進程，但關於「啟蒙」的這篇文章，其問題完全只涉及純粹的現下。他並不嘗試從總體或從未來某個終結點來理解現下，他找一個差異：今日相對於昨天帶來了什麼樣的差別？[16]（**傅柯，《何謂啟蒙？》**）

從傅柯這段文字中可以理解到一件事，康德這篇文章之所以重要，因為他開啟了一種新的提問方式來探問自己的「現下」。而有別於他之前的所有思想家，都嘗試用時代、事件，或相對於一個未來圓滿狀態的方式來定義自己的當下，康德討論「啟蒙」的方式讓每個人的「當代」可以理解為對「從前」或「昨日」的出走。

傅柯這篇文章的寫作方式幾乎可以拿來當作法國論說文的範例，開篇先把文章要探討的核心問題呈現清楚，為後面問題意識鋪陳。就像每篇論文或每篇報告一樣，要寫個論述出來總是因為有問題要討論，如果讀者抓不到問題，就很難抓到作者討論的內容。

我常常看到學生或者其他留學生，太急著要把自己的想法直接表達出來，所以沒頭沒尾地，劈頭就寫自己的論證。有一次我出了個題目讓學生寫論說文，題目是「體制教育對於社會融合是否必要？」改到一份作業直接就寫：「柏拉圖的教育思想有所缺失，根據社會學家涂爾幹的學說，體制教育的目的是在將每個人社會化，使得社會可以存續，所以體制教育影響的不是社會融合，而是社會存在與否的問題。」這樣的作業其實讓老師十分為難，原因是學生本身明顯有自己思考過，思考成果可圈可點，寫出來的內容也不是完全沒有任何道理。然而，這樣的作業，就如同眾多的論文一樣，忽略了當我們書寫論說文的時候，不是在自我抒發而已，而是要讓讀者不僅能夠抓到作者的思路，還要讓讀者感覺到作者的思考值得繼續看下去。作為出題目的授課老師，老師再怎麼樣也能猜出學生大概的想

16. Foucault, *Philosophie antologie*, Gallimard, Paris, 2008. 作者自行從法文版本翻譯。想閱讀全文的同學，可以參考聯經出版的思想集刊１，《思想》，第十五～十七頁。（聯經，一九八八年五月）

法，還能幫學生腦補整個問題的脈絡，但如果今天是學生自己選題目的報告，甚至論文，少了整個提問過程來鋪陳論點的來龍去脈，讀者很容易就混淆了思路。

比如說，傅柯這篇文章，如果沒有這一段文字作為引導，直接開始說：

「康德介紹這個出口的方式十分含糊。他一邊肯定這個出口作為一個事實、一個正在開展的過程，又同時把它講述成一種任務和義務。」

即便這一句話，大概是傅柯論點的關鍵支點，直接單刀直入地從這裡開始論述，若不是看著傅柯，多半讀者大概會覺得不知道在講些什麼，就沒興趣看下去了。但多了「提問」這個過程，傅柯在文章開頭就把整個論述的目的與目標圈出來給讀者看，讓讀者知道這文章的理路從何而起，往哪裡去。這個畫出起點和終點的提問，可以簡單濃縮為以下這個問句：

康德定義啟蒙的方式，到底用了什麼「新」的方式來定義「現下」？提問一出，讀者相對容易可以掌握到論述的起點在於從前那些界定現下的方式（時期、事件、相對於終結點），而終點則是對傅柯來說，康德開創的「新方式」。

到這裡，傅柯還沒有開始呈現他的問題意識，文章只單就提問本身作了一些釐清。接下來傅柯就要開始把「問題」轉為「難題」：

另外還需要指出，康德介紹這個出口（啟蒙）的方式十分含糊。他一邊肯定這個出口作為一個事實、一個正在開展的過程，又同時把它講述成一種任務和義務。他從文章的第一段就指出，人要對自己所處的未成年狀態負責。因此，人只能靠自己對自己進行改變，才能擺脫這個狀態。康德意味深長地說，這個「啟蒙」有一個口號：然而，口號是一個標記，讓人們相互識別，也讓人們以此給自己和他人的指令。這個指令是什麼？Aude sapere，「鼓起勇氣，勇於求知」。因此，我們應該將「啟蒙」視為既是人類集體參與的一個過程，也是個人對自己做的勇敢行為。人是這同一個過程當中的一分子，同時也是啟動者。他們由於作為整個過程的一部分，而可以成為行動者，但這個過程，也是由於每個人決定自願成為行動者才得以實現。[17]**（傅柯，《何謂啟蒙？》）**

這是一篇傅柯藉著探討康德的文章來論述自己思想的文章，就如同多數論文和報告，自己的論點需要建築在文獻解讀上，因此作為學習論文寫作的分析範例再適合不過。在這段文字裡面我們可以看到，不同於第一個段落把整個文章探討的問題都集中在**「康德開創出什麼樣理解自己的現實的新方式」**，話鋒一轉，傅柯立即點出康德在探討現實過程中思路曖昧不明的地方，換句話說，一個看似前後有出入的切口，一個單純的提問就進而轉成需要進一步討論解決的**難題**。

這個難題如下：**「康德同時將啟蒙描述為一個既定事實，和一種義務或任務。」**

為什麼這句話製造了一個**難題**？為什麼這兩個描述同時擺在一起，製造了一個需要解決的理論衝突點？原因在於，一個東西既然是任務或者義務，那麼意味著它還沒有實現，然而若它同時已經是一個既定事實，代表它已然實現，那怎麼還視其為義務或任務呢？

難題的轉化並不代表第一作者本身的理論有弱點，相反地，這個難題本身很可能就是作者提出新觀點的關鍵，就像是本來大家都覺得既肯定、又否定一定招致矛盾，卻有哲學家在肯定與否定之間找到了推動思想的動力，那麼這個哲學家提出新觀點所要面臨的難題正是：肯定又否定如何不相互矛盾？這個難題本身就是這位哲學家樹立自家思想的關鍵。

我們之所以可以看出來傅柯並不是要批評康德的文章，因為在他點出康德所面對的難題後，他接下去按照康德的思路來理解這個難題從何而來，在論說文寫作的方法論裡面，我們稱作這個步驟叫做**「展題」**，也就是說把一個難題（或一個疑慮）的內容開展出來和其他思想元素連結。就像這裡傅柯

17. 同註十六，可以參考聯經出版的思想集刊 1，《思想》，第十七～十八頁。（聯經，一九八八年五月）

「展題」的方式，就是把「同時作為既定現實又作為義務」的難題，開展出當中蘊含「個人」與「集體」之間的相互作用：

他從文章的第一段就指出，人要對自己所處的未成年狀態負責。因此，人只能靠自己對自己進行改變，才能擺脫這個狀態。康德意味深長地說，這個「啟蒙」有一個口號：然而，口號是一個標記，讓人們相互識別，也讓人們以此給自己和他人的指令。這個指令是什麼？Aude sapere，「鼓起勇氣，勇於求知」。因此，我們應該將「啟蒙」視為既是人類集體參與的一個過程，也視個人對自己做的勇敢行為。[18]（**傅柯，《何謂啟蒙？》**）

「展題」說起來簡單，但許多學生在這裡卡關，展題展不開，後面不知道寫些什麼，展題太發散很可能讓後面整篇論述都離題了。我們可以參考一下傅柯在這一小段文字裡面怎麼展題。

傅柯首先指出，康德同時把啟蒙描述為一個既定事實，又是一種義務。

作為義務，或者任務，康德一開篇就說明「個人」要對自己的未成年狀態負責，因此只有自己的行動才能讓自己走出未成年狀態。然而，「啟蒙」同時是一個既定事實，因為「口號」已經出現在集體社會中，並且成為大家彼此識別是否正在以行動擺脫自己未成年的狀態。講到這裡，甚至不用最後一句以「因此」為首的結論，「既定事實」與「義務」的模稜兩可就被發展成「個人」和「集體」之間的交互影響。若要再進一步說明，在「集體」的層次啟蒙已成既定事實，但在每個「個人」身上卻仍然是尚待執行的任務。這個展題的過程最後將本來的「難題」（啟蒙的雙重界定），拓展為一個較為精確且概念化的難題，亦即：「個體」與「集體」難題。

儘管展題的過程看似只是將一個難題轉化為另一個難題，但我們卻可以觀察到在這個拓展的過程中，我們不但有了較為精確的概念可以探討其間的關係，更有了以這幾個概念為基礎的其他哲學討論可以引為參考。一

18. 同註十六，可以參考聯經出版的思想集刊 1，《思想》，第十七～十八頁。（聯經，一九八八年五月）

般論文寫到這裡，就到了開始爬梳其他哲學文獻的時候了，傅柯也一樣，接著這個新的難題，我們就可以檢視康德如何區分理性的「私人使用」與「公共使用」：

但有必要詳細說明一下，康德所說的理性的私人使用是什麼？行使的範圍又是什麼？康德指出，當人是「一架機器中的零件」時，他對理性的使用就是私人使用。換句話說，當他在社會扮演一個角色、執行功能，例如當兵、納稅、在教會任職、當政府公職人員時，這一切使他成為社會中特定環節，因此處於特定位置而必須遵守特定規則且追求特定目標。康德並不是要人盲目地、愚蠢地順從，而是要人依照既定情境行使相符的理性使用，並且符應相應的特定目的。因此，在這裡不能有理性的自由使用。

反之，當我們只為了單純使用理性而思索，單純作為理性的人（而不是作為一個機器零件）而思索的時候，當人作為有理性人類中的一員而思索時，這時理性的使用就應該是自由且公共的。「啟蒙」因此不僅是個人用來保證自己思想自由的過程，只有當理性的普世使用、自由使用和公共使用重合在一起的時候，才有了「啟蒙」。[19]（**傅柯，《何謂啟蒙？》**）

我們也許可以輕易理解在啟蒙的問題上「個人」與「集體」區分的必要，但將理性的使用區分為「私人」與「公共」，就很容易誤把康德當作要人順從體制的保守主義者。文章發展到此，千萬別忘記我們論說的目標是理解「如何定義自己的現實」，如果「現實」可以定義，那代表這不是哪一個人的現實，而是一個集體的現實。然而，若每個人每天檢討、批評、懷疑自己的判斷，他同時質疑的也是集體形塑的判斷，當所有人都質疑所有判斷的時候，集體社會不但沒有任何條件存在，更沒有任何普遍價值可言。這就是為什麼康德認為，作為維護集體運作的部分零件，人在使

19. 同註十六，可以參考聯經出版的思想集刊1，《思想》，第十九～二十頁。（聯經，一九八八年五月）

用理性的時候應該把使用範圍局限在「私人使用」的範圍之內，為達成自己社會功能而使用理性來更好地達成目的。但當人不在這個小螺絲釘的角色上的時候，理性就能夠普遍、自由地使用。當理性自由使用，當理性的自由使用不再是單指個人，而推廣到整個集體，轉變成影響更多個人的口號時，「啟蒙」就已經是既定的事實，儘管每個個人都還必須繼續執行擺脫未成年狀態的任務。

傅柯重讀康德《答「何謂啟蒙？」》一文，目的在於用康德的方式重新定義「現代性」，將「現代」定義為一種不斷探問現下的態度，透過界定自己的現代從什麼樣的條件而來、被什麼樣的條件限制，進而探討人類的何去何從。

講到這裡大家也許發現了一件事：**問題意識到底在哪裡?!**

所謂的問題意識，不是一個問題，也不是一個難題，而是從問題，轉為難題，再開展出一系列先後有序難題的整個組織原則。換句話說，整個從界定問題到如何發展、提出難題的組織原則，就是作者的問題意識。回頭看傅柯這篇文章，他的問題意識就是把「定義啟蒙」的問題轉而成為「定義現下」的問題，並且藉著康德的文章將「定義現下」的問題轉而成為「個人」在「集體」影響下如何掌握「集體」甚至改革「集體」的難題，進而去回答文章一開始的問題「何謂現代性？」（如果康德的「現下」名為啟蒙，那麼傅柯的「現下」就是當時討論得沸沸揚揚的「現代性」了）傅柯的問題意識就是主導此篇論文發展、推演、結論的引導原則，簡單來說，此篇文章的問題意識即：將「何謂啟蒙？」轉為「何謂現下？」，再開展為「現下同時是個既定現實卻也是個體還必須力行的任務」，接著轉為「個體」與「集體」論辯，然後發展成「理性私人使用」、「理性公共使用」的區分與交互影響，最後帶出「現代性作為一種界定現代的態度」。

透過康德與傅柯的文章，我們分析了寫論說文的一些重要結構，在這裡簡單地總結以上所述，外加法國訓練學生寫作的一些重點。寫一篇論說文，在思想鋪陳和組織的部分需要有：

1、**核心問題**（以挑明文章內容坐落在什麼脈絡上）
2、**難題**（讓論文本身為了解決一個難題而提出解決方法）
3、**問題意識**（組織問題、難題排序的原則，決定文章的論述結構）

在法國論說文寫作方法的課程中，會不斷地強調學生們在下筆寫作之前安排文章的「大綱」。這個大綱不屬於內文的一部分，所以不需要具體內容，只需要大致寫出段落標題的安排。這個大綱，呈現出來的就是整篇文章的「問題意識」。因此，在方法論的課堂中，由於時間不夠讓學生們每次撰寫出整篇論說文，所以老師們都會要求寫大綱，外加導論，由此來看學生如何組織自己的問題意識。

將核心問題、難題和問題意識組合成大綱是法國學生寫論說文的第一步，也是一篇論述不可缺少的環節，不過從這三個點要畫出一幅圖來，似乎還是太讓人不知所措了。作為論說文考試的泱泱大國，法國怎麼可能只給學生這個線索來練習寫哲學論述。我們剛剛用康德和傅柯的文章來分析哲學家們怎麼組織自己的思想、寫成論文，現在讓我們拿個法國高中哲學考題來一起試著草擬出一個論說文大綱來吧！有興趣學寫論說文的讀者可以一步一步跟著練習，沒興趣寫論說文的讀者就當作一場法國高中八股文訓練奇幻之旅吧！

題目：藝術作品必然美嗎？

論說文可以簡單分成三個部分：導論、論題發展、結論。我們可以注意到，就像我們在第五章說到「論證需要有前提、推論、結論」，一篇論說文基本上也是如此，要有討論的起始點和終點，雖然論說文中可能包含多個論證，甚至揚棄特定推論。老師們在跟學生練習的時候最注重的是導論，原因是本篇文章的核心問題、概念元素和問題意識會在導論中以最為簡潔、邏輯最嚴謹的方式呈現出來。然而，導論也是學生們最不會寫的部分，還記得批改學生們的論說文作業，十份作業裡面有九份整個導論都在維基百科式地簡介某哲學家生平，讓我改六十份作業就要看一大堆哲學家生平。

一篇文章的導論之所以重要，因為它可以讓讀者在最短的時間內進入作者的脈絡，跟作者一起，評論一個問題是否值得問，是否有趣，更關鍵的是，導論常常快速地決定了讀者要不要繼續看下去。如果導論迷迷糊糊，讀者看了半天還是不知道文章主軸到底想討論什麼，那麼後面有再精采的論證，讀者也難以進入作者思考事物的方式裡面。

在法國，導論通常必須包含以下幾個元素：

1、**叩問題目**：為什麼這個題目有趣、值得思考？

2、**界定題目詞彙定義**：哪些關鍵概念可以用來論說這個主題

3、**問題意識**：如何組織提問、概念、難題來引導自己的論點？

今天我們的題目是：**藝術作品必然美嗎？**

這是個我曾經在台灣的暑期課程當中跟學生一起練習過的題目，當時來的是一群暑期輔導的學生，什麼科系都有，在最後卻讓我看到了十分驚豔的作品。

這個題目並沒有特別困難，卻需要細細思考。在我們開始撰寫大綱之前，先讓我們一起腦力激盪一下，這個題目從零開始我們可以生出什麼元素來，等元素有了，我們再開始判斷元素之間的關係，接下來組織這些元素。這個題目簡單之處就在於這是個人人都有經驗的題目：大藝術家的作品怎麼看起來好像幼稚園小孩的畫？在很多現代創作裡面，更有不少讓人難以注視、驚恐、彆扭，甚至噁心的作品。

但題目的陷阱也在這裡：如果我們認為這題目太簡單，答案就是「否」一個字，那麼大家就等著老師端上鴨蛋招待吧。

第一步：叩問題目

我們現在來進行寫大綱的第一個步驟「叩問題目」。題目本身就是一個問題，但題目是一個封閉的問題，也就是我們的回答方式擺盪在是與否之間。當我們看到題目的時候，經驗明顯想要我們說：不不不，藝術品不一定美，有的實在令人無言。但其實這個經驗的背後常常有個疑問：為什麼這種東西也稱得上藝術品？或者換個方式：「什麼東西稱得上藝術品？」第一個問題問出來了，那麼相對了「什麼是美？」也就很輕易就跟著問出來了。再接下來，仔細看看這個題目，我們也許還會進一步問：「藝術品為什麼必然要美？」這三個核心問題一出來，首先就把題目區分成了三個部分：「藝術品的定義」、「美的定義」、「藝術品與美之間的關係」。

第二步：界定題目詞彙定義

這個步驟正是我們在第五章裡面提到柏拉圖說在討論之前應該要把討論的主題界定清楚，否則討論到最後大家可能用著同樣的詞彙，前後卻在講不一樣的東西。大家也許會覺得奇怪，一個詞彙就是那個意思，還有什麼好界定的。所以讓我們來看一下這個題目裡面牽涉到的詞彙可以如何釐清。

第一個跳入腦海的詞大概就是「藝術品」。正好我們第一個提問「什麼東西稱得上藝術品」就在詢問我們要如何定義這個概念。

「藝術品就是藝術家的作品。」

我們當然可以如此定義，只是這個定義直接把問題往後推了一步變成「什麼是藝術家？」卻沒有給出任何回答。

「藝術品就是沒有用途的擺設物。」

要這樣界定當然也沒問題，但是在這個時候可能就會面對一個無法避免的質疑：「所以裝飾品一定是藝術品囉？那聖誕花燈是藝術品嗎？」

「藝術品就是展示出來的創作。」

感覺這個定義已經相對清楚很多了，但是伴隨而來還是有另一個問題：「所以沒展示出來的創作就不是藝術品嗎？」

「藝術品是為了創作本身之美而創作出來的物品。」

這個定義呼應了「用途」一說，強調藝術品本身並不為了任何外在的用途、目的、實用性而創造，單純為了展現創造的整個構想。這個定義也呼應了「展示」，但卻只強調從無到有的「展現」，不特別強調從私人到公共空間的「展示」。最後這個定義目前看起來既綜合了前面幾個面向，卻又避免掉跟其他物品界定模稜兩可之處，看起來可以採納來作討論的基礎。

這一連串的界定過程，大家也許會覺得麻煩、花時間，難道不能直接給答案或查字典就好了嗎？但關鍵的思辨過程，以及思辨能力的培養其實就在這一個推翻一個，加以自我修正的過程當中，因為唯有掌握到一個想法為什麼有缺陷，我們才可能有能力修正。簡單來說，思辨學習必然是**「否定才有前進」**，換句話說，只有自己檢視過、推翻的判斷，自己才有能力提出修正、更新的判斷，否則我們永遠在等其他人的答案，其他人給的思考過程，拿其他人的思考成果。

大家又或許會覺得這個過程很難，自己思考的話哪能夠想出這麼多定義來。其實絕對不要小看自己，很多問題在我們的經驗裡面都已經用不同的方式出現過、質疑過了。比如說，光是靠著我們對藝術、藝術品的印象就可以發想到這類東西「沒有特定用途」、「展示品」、「創作」，接下來要做的工作也是在繁雜且模糊的印象裡面開始剝絲抽繭，看每一個概念使用的時候是不是涵蓋到其他明顯不是藝術品的東西，進而修正。

接下來論到「美」。關於美的定義方式，多數的時候我們可能會選擇從物品自身的某些特性下手：黃金比例、和諧……等等。然而，很快我們就會碰到一個難題：你的和諧不是我的和諧，你覺得古典音樂美，我就覺得死亡搖滾才叫做和諧。這樣定義下去，總是會有人不同意對美的定義。

換個方向來思考，如果我們把定義美的方式改為**「在觀眾身上引發的某種感受」**呢？這樣一來好像在主觀和客觀之間，雖然社會和個人對美的偏好不同，卻都在自己認為美的事物身上感受的同樣的特質。比如說，我們可能直覺地說「美就是讓人賞心悅目」。

然而，如果「美」就一定賞心悅目，那麼我們也許可以從自己的經驗裡面意識到：「某些東西的美好像是震撼、驚訝，不一定當下第一個瞬間讓人賞心悅目。」比如說巍峨的大山、滔天巨浪、繁星浩瀚之類的情景，第一眼帶來的感官衝擊，似乎都說不上賞心悅目，但好像這些讓我們會用「美」來形容的東西，不管客觀、主觀、比例如何，好像都能夠激發出某種「仰慕」的情懷。依此看來，我們也許可以把美定義為「激發出觀者仰慕之情的能力」，所有被視為美的東西，都有能力在觀眾身上激發出這種仰慕的心情。

第三步：組織問題意識

討論到這裡就可以把熱騰騰剛剛才在本章說明過的問題意識拿來練習，讓我們先試著把一個提問轉成一個難題：

我們一開始的提問裡面，關鍵能用來回答題目的提問是**「為什麼藝術品必然要美？」**問題本身是針對「藝術品」與「美」之間的關聯到底在哪裡，但本身卻不是個需要提出解決方案的難題，比如說：**「如果藝術品被展示出來是因為我們推崇它，既然如此為什麼會有人覺得被展出的作品醜陋？」**

雖然同樣是個問句，這個問句裡面卻呈現了一個需要找出解決方式的難題。藝術品之所以是藝術，而不是器具，因為作者不為了使用而製造它，也不是為了它論述真理而創造它，而是為了創造本身給作者帶來某種感受而創造。此外，「展示」這個動作裡面便蘊含了「效法」的想法，那麼被推崇的藝術品好像應該代表的是某種客觀的美，為什麼某些人主觀上卻會覺得不美？

在這個難題轉換上，我們把原本單純的一些提問，變成了一個主觀美與客觀美相互衝突的難題。

這一個難題和以上一連串的問題足夠我們來鋪陳出文章的問題意識，以下用剛剛以上討論的內容跟大家分享我自己面對這個題目組織出來的問題意識：

1、前提：美，是區分藝術品與其他人造物的關鍵。

2、然而，所謂客觀被機構、集體制定的美，不一定所有人都覺得美。

3、此外，表面上覺得不美的東西，也有能力對我們產生吸引力，讓我們好奇、喜愛、想接近了解。因此，藝術品的美也許不在於表象上社會對美所形成的刻板條件，而是激發喜愛、仰慕、尊崇這類感受的能力。

4、因此，一個製造物是在激發出這類感受的那個剎那才成為藝術品，就像法國藝術家馬歇杜尚非常有名的作品「泉」，本身就只是一個小便斗，只有在透過呈現這樣一個物件來表達藝術展覽的內在荒謬性而驚豔觀眾的那個剎那，它才成為了藝術品。但對於無法欣賞的觀眾，這件所謂的藝術品，就仍然只是一個小便斗。

5、結論：藝術品必然美，因為作為藝術品它一定在某個時刻激發了某些人的美感經驗，然而它既不一定符合表象上美的條件，也不一定對每一個人來說都美。

有了這個問題意識，接下來就可以把整篇文章的大綱，包括導論寫出來了：

◎導論

● 叩問題目：美的東西才是藝術品嗎？為什麼公認美的東西，我們卻可能覺得不美？

● 詞彙界定：藝術品有別於自然物是製作出來的物品，藝術品也不是工藝品因為它的創作不考慮到任何實用性。而美如果用外表的條件來定義，很難找到一個大家都同意的條件，因此美應該是激發喜愛和仰慕的某種能力。

●問題意識：藝術品是一個不為任何實用目的而創作的物件，因為創作藝術品的動力源於創作理念本身對我們的吸引、在我們身上激發仰慕之情，作為激發仰慕之情的能力，美正是區分藝術品與其他物品的關鍵。然而，社會上集體所認為有能力激發這種喜愛的東西，可能在某些人身上無法施展這種能力，而這些人就無法感受到物件的美，對他本人來說，這個物品好像就算不上藝術品。

◎論點一

如果美是區分藝術品與其他物品的關鍵，那所謂客觀、普世的美是誰界定的？

藝術品在客觀上一定具有美感，因為社會上的機構透過展覽、獎勵、教學來塑造美的概念。

◎論點二

主觀的美和客觀的美為什麼有差異？別人認為是藝術品的東西，對我來說就是藝術品嗎？

社會中的個體對美的感受不一定完全受到所謂客觀美決定，但兩者都是美，因為在感受者身上都激發了喜愛、仰慕的情感。如果我們接受美是區分一般物品和藝術品的關鍵，那麼對他人而言美的藝術品，如果我無法欣賞其美感，那對我來說就只是一個物品。

◎論點三

藝術品是從製作出來的那一刻開始就是藝術品，還是在某些條件下「成為」藝術品？

一個製造物本身就是一個物品，就像小便斗就只是個人造物，在特定的條件下才取得刺激美感經驗的作品。

◎結論

一個物品在激發美感的那一刻成為藝術品。因此藝術品必然美，但不一定對所有人、在所有時刻、在所有意義下都美。

這個大綱雖然簡短扼要，沒有非常詳細，卻足以讓大家一窺一篇論說文的發想、組織過程。這章裡面所涉及的能力，看起來好像只有讀人文社會學的人會使用到，實則不然。我自己在台灣和法國都曾經擔任雜誌的總編輯，書寫各式各樣的文章，也讀過各式各樣的投稿，深深體會到文章缺乏大綱，再好的想法都會像一盤散沙一樣，讓讀者無從理解。

除此之外，思想結構的組織能力不但影響寫作，更影響思想本身的發展，讓人表達起來欠缺條理，而容易讓思緒全部都糾結在一起，明明有很好的想法，卻怎麼說也說不清楚。論述性文章的寫作，小到一篇報告，大到一本博士論文，都需要有明確的骨架來讓內容歷歷分明。論說文的寫作訓練絕大部分都在訓練大家分析、組織自己思緒的能力，而這些能力說起來簡單，卻需要透過不斷的練習才可能變成思考、表達和寫作時的習慣。

在台灣，除了某些特定學科，鮮少有機會訓練寫論說文的能力，因此每次法國高中哲學會考都在亞洲社會激起一陣令人欽羨的討論話題。如同我在本書一開頭說的，法國學生能力並沒有絕對高人一等，台灣學生的學習能力也沒有比較差，但卻因為在論述結構的能力上沒有機會受到訓練，而變得就算有好的想法，卻常常說不清楚。如今台灣開始重視論說文的寫作教育，希望這個章節能為正在與論說文奮鬥的學生們提供一點幫助。

8

每天來點哲學，生活會怎樣？

前面分享了我在哲學教學過程中觀察到同學們進行抽象思考、推論、表達的時候會遭遇到的困難，以及面對這些困難，我如何幫助學生透過練習改善他們的思考習慣。前面七章，章章充滿各種規規條條，讓「思索」這個活動本身變得充滿限制，好像只是一個大家比技巧的思想遊戲。照這樣看來，哲學活動乏力又乏味，為什麼還要推廣呢？前面這些學習過程中的磕磕絆絆，看起來繁瑣枯燥，因為作為大學哲學教師，我們的工作不只是暢談己見引發學生興趣，我們的教學工作也需要讓學生正視他們在學習和思考上的壞習慣，因此寫來寫去，都在訓練大腦特殊技能。這個過程或許十分繁雜又無聊，但這些抽象思考、推論、組織思緒的訓練，看似拘束了每個人的想像，其實是在為解放思想做準備。

我年輕時學了很久的鋼琴，出國之後幾乎沒有機會練習，上次碰到琴鍵時，已經很難控制手指的肌肉了，緊繃的手掌早已被僵化的習慣所控制，無法自由自在地敲打琴鍵。

身體如此，思想也是一樣。如果你平常習慣模模糊糊地想事情，那麼真的到了需要思考事情的時候，根本沒有能力仔細思索、清楚判斷；就算能不受拘束地隨意想像，卻沒有能力讓思想自由地創造出新的東西來。哲學，作為一個純思維的活動，最直接的幫助就是每天給自己的理性思維能力做一些小小的鍛鍊，鍛鍊習慣了需要真的用到分析、判斷、表達能力的時候，若不是遊刃有餘，也還足以應付。

然而，以上這些都是哲學活動的必要附屬能力，就像彈鋼琴如果沒有技巧，不會看譜，再怎麼有天賦的人都演奏不出好曲子，這些技巧儘管不可或缺，卻也不是成就哲學活動最核心的部分。

屏除所有技術層面的腦力活動，哲學最初且最原始的動力非常單純：即看到世界令人驚豔之處而油然生起的好奇心。坊間不乏對「哲學」二字起源的簡介，因此許多人知道哲學英文「Philosophy」一詞的意義是「愛智慧」，但大家可能不知道為什麼要為這個活動命名。Philosophy一詞之所以成為這個活動的名稱，因為這項活動本身不被任何目的所局限，不為了生產出什麼物品，不為了取得名望或掌聲，被求知的熱情所推動，而是為了思考而思考。

也許有些人會認為，這樣的活動太過理想，大家忙著生活，哪有時間為了思考而思考。然而，作為一個有理性思維能力的物種，對於生活與人生，沒有人能夠單純只有機械性的反應，而不對自己的人生、社會、現狀有任何提問。

身處在一個開放自由的社會，更是加速了每一個社會成員心思複雜化的程度。你是不是也是經常問自己：

我的朋友是否真的是我的朋友？
我真的快樂嗎？
為什麼要體貼家人？
為什麼要讀書？
另一半真的愛我嗎？
我為什麼不能跟別人一樣？
我為什麼要跟別人一樣？……

諸如此類的煩惱，每天都在腦袋裡面浮現，就算我們不思考、不判斷，煩惱仍然在那裡，一直來叩門。每一個問題都跟任何生產與用處沒有立即關聯，但每一個問題也都確確實實地困擾著我們，在我們的生活裡面發酵。有些人訴諸算命把他人給予的意見當作自己的意見，有人上網搜尋，有人聽從家人和朋友的建議，有人把煩惱埋在心裡，但正如康德所言：「最終能改變現狀的，只有自己本身。」同樣地，只有自己思考過後獲得的答案，才能在煩惱之中找到一些清明和勇於承擔的力量。

閱讀哲學經典時，我們常會被浩瀚的哲學思想震撼，有時中途卡在哲學家艱澀的語言裡面，有時受一個又一個的專業術語吸引，但我們時常忘了，再怎麼龐大的哲學思想，起始點都是基於一個非常樸實，和生命相連的問題：何謂真假？何謂美醜？何謂善惡？這些我們每一天，或夜深人靜的時候都有過的疑惑，那些大部頭的哲學書籍本身可能沒有標準答案給我們，但哲學活動卻可以讓我們面對自己的疑惑與煩惱。煩惱的淵源如果可以從一團打成死結的線團中解開，讓我們思考清楚事物之間的牽連、前因後果、緣由條件，煩惱就算沒有特效藥，理解本身就是消解煩惱的第一步。就像一句大家常聽的話：「面對問題，就已經是在解決問題了。」

看完本書，請大家不要忘了，「哲學」是個動詞，是每個個體勇於思考、勇於探問生命的活動。而作為名詞，「哲學」是那些堆砌、滋養出每個思考者當下思想寬度、高度與廣度的養分。就如「啟蒙」一詞一樣，既是事實，也是一個需要持續實踐的任務。

國家圖書館出版品預行編目資料

笛卡兒的思辨健身房：我在法國教哲學，看法國學生怎麼學「思考」和「論述」？/孫有蓉 著；--初版.--臺北市：平安文化, 2020.07
面；公分. --(平安叢書；第0657種)(我思；1)
ISBN 978-957-9314-60-2 (平裝)

1.哲學 2.思維方法

176.4 109008084

平安叢書第657種
我思 01

笛卡兒的思辨健身房

我在法國教哲學，
看法國學生怎麼學「思考」和「論述」？

作　　者—孫有蓉
發 行 人—平雲
出版發行—平安文化有限公司
台北市敦化北路120巷50號
電話◎02-27168888
郵撥帳號◎18420815號
皇冠出版社(香港)有限公司
香港銅鑼灣道180號百樂商業中心
19字樓1903室
電話◎2529-1778　傳真◎2527-0904
總 編 輯—龔橞甄
責任編輯—蔡維鋼
美術設計—王瓊瑤
著作完成日期—2020年03月
初版一刷日期—2020年07月
初版二刷日期—2021年08月
法律顧問—王惠光律師

讀者服務傳真專線◎02-27150507
電腦編號◎576001
ISBN◎978-957-9314-60-2
Printed in Taiwan
本書定價◎新台幣300元/港幣100元